环境监测与生态环境保护探究

贾　芸　曹继刚　宋丽红　著

中国原子能出版社

图书在版编目（CIP）数据

环境监测与生态环境保护探究 / 贾芸，曹继刚，宋丽红著. -- 北京 ：中国原子能出版社，2024. 9.
ISBN 978-7-5221-3665-3

Ⅰ. X83；X171.4

中国国家版本馆 CIP 数据核字第 2024SR0041 号

环境监测与生态环境保护探究

出版发行　中国原子能出版社（北京市海淀区阜成路 43 号　100048）
责任编辑　张　磊
责任印制　赵　明
印　　刷　北京厚诚则铭印刷科技有限公司
经　　销　全国新华书店
开　　本　787 mm×1092 mm　1/16
印　　张　15.25
字　　数　230 千字
版　　次　2024 年 9 月第 1 版　2024 年 9 月第 1 次印刷
书　　号　ISBN 978-7-5221-3665-3　　　　**定　价　78.00 元**

前　言

随着中国经济的不断发展，人们对各类生态系统开发利用的规模和强度越来越大，对自然生态系统造成了不可逆转的破坏，阻碍了生态系统及社会经济的可持续发展。环境已成为我们广泛关注的对象，生态环境保护是一项重要工作。在生态环境保护工作开展的过程中，环境监测工作是最基础的工作，能有效地促进环境保护工作的顺利进行。

环境监测是监视、准确测定自然环境质量的重要手段，主要涉及特定性、监视性、研究性等方面的监测工作。在环境监测的指引下，人们可以及时了解环境质量及其污染程度，从而得出准确的环境变化数据，以便预测出未来环境污染的大致趋势和后果，并提出有效的环境保护措施。由此可见，在保护生态环境的过程中，环境监测起到了至关重要的作用。但伴随着环境保护力度的持续加大和环境监测专业技术的快速更新，我国需要采取更加积极的发展措施，以便进一步做好环境监测，更好地保护大自然，改善环境质量，促进全社会的可持续发展。

为了确保研究内容的丰富性和多样性，笔者在写作过程中参考了大量理论与研究文献，在此向涉及的专家学者表示衷心的感谢。本书理论与实践并重，结构逻辑清晰明白，内容安排合理全面，对于环境污染治理与生态保护的从业者具有很好的参考作用。

目　录

第一章　环境与生态系统

第一节　环境问题的产生

一、环境与环境问题

环境可以定义为生物体所处的周边空间，以及那些能够直接或间接影响生物体生存和成长的各种元素，这其中包括了物理、化学和生物的综合要素。当我们以地球上的生物为核心时，我们可以将环境的范围扩展到大气、水、土地和岩石等多个方面；以人类为核心，生物圈也应被纳入考虑，除了自然的要素，社会和经济的因素也同样重要。

环境科学研究的核心对象是人类，因此它所描述的环境是指人类所处的生活环境。其深层含义可以总结为：所有影响人类的外部事物或力量的综合体现。随着人类文明的进步，环境的定义也会随之发生变化。月球是离地球最近的天体，它对地球的上海水潮汐有一定的影响，但对人类的生存和发展的影响目前仍然很小。因此，在目前的阶段，月球尚未被认为是人类的生活环境，也没有任何一个国家的环境保护法将其纳入人类生存环境的考虑范围内。然而，随着宇宙航行技术和空间科技的不断进步，未来人类不仅需要在月球上设立空间实验站，还需致力于月球资源的开发。随着人类在月球与地球之间的频繁互动，月球逐渐变成了人类生活环境的核心部分。因此，我们应该从发展的角度来看待环境，并明确环境的定义。人类与其所处的环境构成了一个既相互影响又相互依赖的复杂统一体。人类在生产和日常生活中对环境产生的影响，可能是正面的，也可能是负面的，从而导致环境质量发生改变；从另一个角度看，环境的变动可能会对人的身体和心理健康以及经济增长带来正面或负面的效应。

当人类在其生活和发展中的不适当的生产和日常活动导致全球或某一区域的环境质量下降时，这就构成了对人类生活和进步不利的环境问题。

根据成因的差异，人类面临的环境问题可以被划分为自然因素和人为因素两大类别。前者涉及的是各种自然灾害，例如，火山喷发、地震、台风、海啸、洪涝、干旱和沙尘暴等，这些问题在环境科学领域通常被称作原生环境问题或第一环境问题。后者指的是由于人类不适当的生产和生活行为导致的一系列环境问题，如环境污染、生态系统的破坏、人口的急剧增长以及资源的损坏和枯竭等，这些问题通常被称为次生环境问题或第二环境问题。在环境科学这一学科里，我们主要关注的并不是自然灾害，而是由人为因素引发的环境问题，也就是所谓的次生环境问题。鉴于环境构成了人类生活和进步的物质根基，环境问题的加剧不仅引发了社会各界的广泛关注和高度重视，也催生了环境科学领域的进一步发展。

二、全球性环境问题及危害

全球环境问题的出现是多重因素综合影响的产物。多年来，由于人们对环境改造的热情，这导致了多种环境问题的出现。它的影响已经从一个地区蔓延到全球，对人类的生活和进步带来了巨大的风险。以下是目前对人类生存构成威胁的主要环境问题的总结。

（一）全球气候变化

人类的各种活动会释放出大量的二氧化碳、甲烷和氧化亚氮等微量气体，当这些气体在大气中的浓度持续上升时，就会引发被称为温室效应的现象，导致气候逐步升温。全球气候的转变为全球的生态环境带来了前所未有的风险和严格的挑战。例如，全球温度上升导致极地冰川的融化和海水的膨胀，进而引发海平面的升高；全球的气候变迁也导致了全球降雨和大气循环的改变，这使得气候变得异常，容易引发干旱和洪涝灾害；全球的气候变迁可能会引发生态系统的转变和破坏，这对人类的日常生活带来了一系列深远的影响。随着气温的上升和极端气候事件的频繁出现，农业和生态系统将面临严峻的挑战。

（二）臭氧层破坏

在距离地球表面大约 10～50 km 的大气平流层里，地球上有 90%的臭氧气体聚集，而在距离地面 25 km 的地方，臭氧的浓度达到峰值，形成了一个大约 3 mm 的臭氧集中区，被称作臭氧层。臭氧层具有吸收太阳发出的紫外线的能力，这有助于保护地球上的生命不受紫外线过度伤害，并将这些能量储存在上层大气中，从而起到了气候调节的功能。然而，臭氧层是一个非常易受损的气体层。当某些可能与臭氧发生化学反应的物质进入臭氧层时，臭氧层会受到严重损害，这会导致地面受到更强烈的紫外线辐射，对地球上的生命构成巨大威胁。

众多的观察与研究数据显示，在南北半球的中高纬度大气中，臭氧的损耗范围在 5%～10%之间，而在南极上空，臭氧层的损失甚至超过了 50%，导致了所称的臭氧层空洞的形成。臭氧的减少导致地面接收的短波长紫外辐射（UVB）强度上升，从而增加了皮肤疾病和白内障的风险、抑制了植物的光合作用、减少了海洋中的浮游生物数量，这进一步威胁到水生生物的生存，并对整个生态环境造成了潜在的危害。

（三）生物多样性减少

生物多样性描述的是来自各种不同来源的生物实体，这些来源涵盖了陆地、海洋以及其他的水生生态系统和它们组成的生态系统，这包括了物种之间、物种内部以及整个生态系统的丰富多样性。在生物进化的漫长历程中，会出现一些新的生物种类，但随着生态环境的演变，也可能导致某些物种的消失。近几年，地球上的生物和生态系统因为人口激增、不合理的资源开发以及环境污染等多重因素，遭受了巨大的打击，这也导致了生物多样性遭受严重破坏。

（四）酸雨危害

酸雨指的是在大气降水中，酸碱度（pH）低于5.6的降雨、降雪或其他类型的降水，这是大气污染的一种表现。酸雨对我们的生态环境产生了多重影响：当酸雨落到河流或湖泊时，它可能会阻碍水中的鱼和虾的生长，导致它们数量减少甚至消失；酸雨会使土壤变酸，损害土壤的营养成分，导致土壤变得贫瘠；酸雨不仅对植物生长构成威胁，还可能导致农作物产量下降或对森林生态系统造成不良影响。在全球范围内，我国的华南地区被认为是最著名且影响最为深远的酸雨地带。

（五）土地退化和荒漠化

在全球范围内，大约80%的人口居住在以农业和土地作为主要生计来源的国家，但在众多的热带、亚热带和干旱地带，土地资源已经遭受了严重的退化。人类的各种活动，特别是与农业相关的活动，构成了土地退化的主导因素。农业的各种活动在不同的层面上导致了发展中国家土地退化的多种形态。众多的农村开发计划都旨在提高农作物的产出和减少耕地的使用时间，这导致了土壤中营养的大量流失，从而显著减少了土壤的肥沃度。化肥和农药的过度使用，对部分土地带来了深重的污染问题。过度砍伐森林也是导致土地退化的一个重要因素。由于森林破坏导致的土地退化，亚洲地区受到的影响最为严重，紧随其后的是拉丁美洲和加勒比地区。从绝对数量的角度来看，毁林所带来的危害仅排在过度放牧之后。假如植被被完全或部分破坏或完全消失，那么地球表面的反射率、地表温度以及蒸发量都会发生相应的变化。随着土地使用的强度，土壤的易损性和生态系统的恢复能力都可能发生改变，这可能会引发土地的退化现象。

在草原、灌木林以及牧场中，过度的放牧行为可能会引发土地的退化。特别是在东非与北非地区，由于牛的数量过多，土地遭受了严重的退化。

除了与人类活动直接相关的土地退化因素外，年降雨量和雨水蒸发量等关键的气候因素的变化也是主要的原因，而这些变化又是与农业、城市发展和工业等行业加强土地使用相伴随的。在干燥地带，近半数的退化土地面积是由水土流失引起的。

（六）海洋污染与渔业资源锐减

海洋被视为生命的起源。由于过度的捕鱼行为，海洋中的渔业资源正在以令人震惊的速度减少，许多依赖海洋产品为生的渔民正在面对生存的威胁。而且，海洋产品中存在的重金属和某些有机污染物可能对人们的健康构成潜在风险。由于人类的各种活动，近海区域的氮和磷含量上升了 50%～200%，而过多的营养物质导致了沿海藻类的大量增长，如波罗的海、北海、黑海和东中国海等地经常出现赤潮现象。

（七）人口爆炸，城市无序扩大

人口、资源和环境构成了当前社会面临的最大挑战，其中人口问题在这些问题中起到了决定性的角色。随着人口数量的急剧增长和城市的无序扩张，城市的居住环境逐渐恶化，导致了如拥挤、水质污染、不良的卫生状况和缺乏安全感等一系列环境问题，给环境带来了巨大的损害。

在过去的几千年中，人类文明的进步往往是以消耗大量的环境资源作为交换条件的。这个过程导致了生态环境的持续退化，并逐渐积累和产生了众多严重的生态环境问题。解决严重的生态环境问题，改进生态环境，增强生态环境的功能，并逐渐走向可持续发展的道路，是我国生态环境保护的基本国策。

第二节　环境生态学的定义及发展

一、人类社会的发展与环境问题的产生

（一）经济超速增长的结果

罗马俱乐部的专家们持有这样的观点：当今人类社会所遭遇的环境挑战是由于经济的指数式增长所导致的，基于这一观点，他们提出了关于增长上限与均衡发展的观点。的确，经济增长与环境问题的出现是紧密相连的，但我们不能简单地认为环境问题的根源在于经济的增长。仅为了应对环境挑战而暂停经济增长是缺乏科学依据的。不管是经济发达的国家还是正在发展的国家，他们都不会暂停经济增长来降低生活质量或持续面临贫困的困境。只有将环境问题的解决与经济发展相结合，才是最切实的方法。

（二）人口的快速增长

全球的人口数量已经触及 75 亿，并且这一数字还在不断地快速上升。毫无疑问，人口的过快增长以及由此产生的各种社会压力和影响，构成了触发全球生态危机和环境退化的关键因素之一。因此，为了缓解环境的压力，控制人口的过快增长显得尤为关键。然而，简单地将人口增长导致的环境问题的重要性视为唯一性是不完全准确的，仅仅通过控制人口增长是无法自动解决环境问题的。

（三）科学技术发展的结果

这一观点主张科技的快速发展催生了当前环境问题的出现和演变，也就是说，人类能够享受到的所有现代文明生活，都是由于科技进步的

推动。与此同时，人类所面临的所有环境问题和危机，也是由科技进步所引发的。

不可否认，随着现代科技的不断发展，人类社会已经步入了一个现代化的时代，这不仅创造了巨额的财富，还促进了社会的向前发展。尽管人类借助科技创造了巨大的创新能力，但这也对我们的自然环境带来了深远的影响和损害。众多的环境污染问题与科技进步密切相关，这是不争的事实。然而，简单地将环境问题归因于科技发展是不全面的。它过度强调了科技带来的不良影响，而忽略了解决环境问题同样依赖科学和技术的事实。

上面提到的关于环境问题起源的各种看法，虽然都是正确的，但它们都存在明显的偏见，对于环境问题的起源和演变缺乏深入的了解。事实上，当我们谈论环境问题时，我们是在谈论人类为了自己的生存和进步，在利用和改变自然环境时，对其造成的破坏或污染，以及由此产生的对人类生活的各种负面影响。探究其背后的原因，我们可以将其划分为两个主要类别：一是由于不恰当的资源开发和使用导致的自然环境损害；二是由此引发的各种生态影响，也就是我们常说的生态破坏问题。由于农业和工业生产活动以及人们日常生活排放的废物导致的环境污染，这就是我们所说的环境污染问题。在某些特定区域，环境问题可能主要集中在生态破坏或某种形式的污染上；但在更多地方，这两种问题实际上是共存的。因此，环境问题可以被视为人类社会进步和发展历程中的一种“伴生现象”。简而言之，这种所谓的“伴生性”是由两个主要因素所决定的：满足人类的生活需求；环境本身所具备的功能。

二、环境生态学的定义

环境生态学可定义为，研究人为干扰下，生态系统内在的变化机制、规律和对人类的反效应，寻求受损生态系统恢复、重建和保护对策的科学。即用生态学的理论和方法研究环境问题的科学。

第三节　生态系统的概念与结构

一、生态系统的概念及基本特征

（一）生态系统的概念

生态系统可以定义为在特定的时间和空间范围内，所有生物和非生物环境之间，由于持续的物质和能量循环，所形成的一个互相作用、相互影响，并具备自我调节能力的自然结构。

尽管地球上的森林、草原、荒漠、海洋、湖泊和河流等自然景观各具特色，生物构成也各不相同，但它们共同的特点是，在这些环境中的生物和环境共同组成了一个不断变化的物种、不断循环的物质、不断流动的能量、不断传递的信息，生物与生物、生物与环境之间存在相互制约、相互联系，并具有自我调节功能的自然复合体，即生态系统。

生态系统的规模可大可小，通常可以根据研究的目标和对象来确定。像森林、草地或池塘这样的小区域，都可以被视为一个完整的生态系统。小型的生态系统可以整合为更大的生态系统，而简单的生态系统则可以形成更复杂的生态系统，生物圈则是最大和最复杂的生态系统。生物圈可以被视为一个全球性的生态系统，涵盖了地球上所有的生物和它们的生存环境。生态系统可以是一个非常具体的概念，例如，一个池塘或林地可以是一个生态系统，同时生态系统也可以是一个在空间范围上非常抽象的概念，因此很难给它划定一个物理边界。

（二）生态系统概念的发展

“生态系统”这个术语最初是由英国生态学家 A.G.Tansley 在 1935 年首

次提出的。他在研究过程中发现，气候、土地和动物对植物的成长、分散和种类丰富度产生了显著的作用，因此。他强调，生物与其所处的环境共同构建了一个生态系统，这一系统是地球表面各种大小和种类的基础单元，也就是我们所说的生态系统。A.G.Tansley 在他的理论中首次明确指出，生物和环境是紧密相连的，并且在生态系统中，生物和非生物部分在功能上是一致的。他将生物成分与非生物成分视为一个统一的自然实体，这个实体即是生态系统，它在生态学中被视为一个功能单位。A.G.Tansley 提出的生态系统理念，在学术界获得了普遍的认同和高度评价。

在研究 CedarBog 湖的过程中，R.L.Lindeman 成功地揭示了营养物质如何移动，并据此构建了一个营养动态模型，从而奠定了生态系统能量动态研究的基础。他特别强调了能量在食物链中的转移顺序，并提出了被广泛认知的“十分之一定律”，这代表了生态学从定性研究转向定量研究的新时期。在 20 世纪 70 年代末，R.E.Ricklefs 在讨论生态系统中的物质循环和能量流动时明确指出，生态系统中的生物和非生物成分是通过物质交换相互联系的，而推动物质循环流动的能量则来源于太阳。不夸张地说，得益于多位研究者的齐心协力，20 世纪后半段生态系统的物质和能量流动模式已经基本确立。

E. P.Odum 和 H.T.Odum 对生态系统的定义以及生态系统能量流动的研究都做出了显著的贡献。E.P.Odum 的著作《生态学基础》为生态系统理念的进一步完善提供了巨大的助力。他对研究对象进行了多层次的分类，包括基因、细胞、器官、个体、种群和群落等，并针对这些不同层次的生物成分与非生物成分之间的相互作用（即物质与能量的关系）进行了深入研究，以识别具有不同特性和功能的系统。H.T.Odum 在描述生态系统和生态模型方面做出了显著的贡献。他详细描述了生态系统的内部结构和主要功能，强调了生态系统作为一个关键的功能单元的专一性，以及各组成部分之间的相互依赖和因果关系。

接着，H.T.Odum 也明确表示，生态系统构成了一个开放且远离稳定状态的热力学体系，他进一步强调，对生态系统层面的深入研究构成了现代生态学的核心内容。H.D.Kumar 持有的观点是，生态系统实际上是一个超越常规的系统，它涵盖了各种相互影响的植物、动物、微生物以及它们所依赖的生态环境。E.D.Schulze 和 H.A.Mooney 所提出的观点更多地突出了生物多样性与生态系统之间的紧密联系。我国的生态学者马世骏持有这样的观点：生态系统实际上是社会、经济和自然的综合体。

自从生态系统这一概念被提出以来，各个学者都从自己独特的视角对其进行了深入的探讨和解读。各种不同的观点都显示，我们对生态系统的了解和认识仍在不断深化，生态系统的定义也在持续进化中，随着科学的进步和研究的深化，关于生态系统的新观点和新理论也将不断出现。

（三）生态系统的基本特征

每一个生态系统内都存在特定的生物群落和环境，同时也是物种、物质、能量和信息交流的场所。在特定的时间段和相对稳定的环境中，系统中的各个组件在结构和功能上都保持着和谐的动态关系。生态系统展现出以下几个显著的特性。

1. 以生物为主体，具有整体性特征

生态系统始终与特定的地理范围紧密相连，并主要由生物构成。在这个系统里，各种生物与其他生物、生物与其环境之间都以多种方式建立了联系。这不仅塑造了系统的独特生物属性，而且使其成为一个高度复杂的整体，确保了系统的存在模式、目的和功能都展现出一个统一的完整性。

整体性体现了生态系统的各个要素和结构的融合，其核心观点是：整体的重要性超过了其各个部分的总和；一旦系统构建完成，各个组成部分将无法再被拆分为单独的元素；系统的整体性在很大程度上受到各要素性质和行为的影响，这种影响是在各要素之间的互动过程中显现出来的。

目前，人类正在遭遇一系列严重的全球问题，其生态环境也正在受到连续的破坏。仅仅采取局部措施已经无法完全改变当前的状况，我们迫切地需要一个全面的策略来应对。通过应用整体性的原则，生态系统中的某些特性变得更为突出，某些行为也变得更为明显，这有助于我们更深入地了解系统。对于生态系统的整体性理解，实质上代表了人类在理解自然界方面取得了突破性的进展。

2. 复杂、有序的层级系统

由于自然界中生物多样性和它们之间的复杂互动关系，生态系统呈现为一个高度复杂、由多个要素和多个变量组成的分层结构。较高级别的系统特点包括大的规模、大的基粒、低的频率以及缓慢的速度，这些特点都受到更大的系统和更慢的作用的影响。

3. 开放的远离平衡态的热力学系统

每一个自然生态系统都是开放的，它既有输入也有输出，而且输入的任何变化都会对输出产生影响。输出是由输入产生的，而输入则是输出的驱动因素，缺乏输入则意味着没有输出。为了维护生态系统，我们需要更多的能量。当生态系统变得更加庞大和复杂时，我们也需要更多的能量来支持系统的持续发展。

4. 具有明确功能和公益服务性

生态系统不仅是一个生物学的分类单位，它更是一个功能性的单位。例如，关于能量的流通。绿色植物通过光合作用将太阳能转换为化学能并储存在植物体内，然后传递给其他动物，这使得能量从一个取食类群转移到另一个取食类群，最终由分解者分解并重新释放到环境中。系统内的物质交换始终在不断地循环，这对整个生态系统产生了深远的影响。因此，当我们人为地改变自然界中的元素运动时，常常会导致严重的影响。生态系统在众多的生态活动中都起到了保护人类生命的作用，它为人类供应了生活所需的食物、药品和农工业材料，同时也为人类创造了一个适宜的生活环境，并提供了众多的间接公共服务。

5. 受环境的深刻影响

环境的波动和变动导致了一种环境压力，这种压力最初可以通过敏感物种的种群变动来体现。当系统能够检测到环境压力的增加时，可能会对系统的健康构成威胁。生态系统能够对气候和其他环境因子的变动展现出持久的适应能力，而环境带来的压力仍然是自然选择的驱动力，这种自然选择会在各种不同的压力层次上出现。

6. 环境的演变与生物进化相联系

自生命在地球上诞生以来，生物有机体不仅适应了物理环境条件的改变，还以多种方式对环境进行着有利于生命方向的改进。

7. 具有自维持、自调控功能

在任何自然生态系统中，生物在经历了漫长的进化和适应后，与其所处的环境条件逐步形成了一种相互协调的关系，该系统具备自动调整、管理和维护这种关系的能力。自动调节功能主要体现在三个关键领域：调整同种生物的种群密度，这是一个在有限的空间中普遍存在的变动模式；不同种类的生物种群数量，例如，植物与动物、动物与动物之间，存在着食物链的联系；生物与其所处的环境之间存在一种互相适应和调节的关系。生物持续地从其生存环境中获取必需的物质，同时，生境也需要对这些物质的输出进行即时的补偿，两者都在进行输入和输出之间的供需平衡调整。

生态系统在面对各种干扰时都展现出了强大的抵抗力和恢复力，即便是在遭遇季节性、年度或长期的气候变动时，生态系统也能维持其相对的稳定性。生态系统的调节能力主要依赖于反馈机制，通过正负反馈的互动和转换，确保系统保持在一个相对稳定的状态。

8. 具有一定的负荷力

在生态环境中，每一种生物都有其在特定环境条件下能够容忍的最大种群数量，并且这些种群的繁衍速度也会受到这一因素的影响。同理，系统所处的环境也面临着环境承载力或环境负荷的问题。只要不超出正常的负荷范围，系统对生物类群的干扰都是可以承受的。环境污染物的输入量与环境容量成正比，即环境容量越大，能够容纳的污染物种类也就越多。

9. 具有动态、生命的特征

生态系统与自然界中的其他生物相似，都经历了形成、发展和生成的阶段。生态系统可以划分为幼年、成年和成熟三个阶段，这三个阶段都展示了其独特的历史属性和整体的进化模式。每一个生态系统都是经历了漫长的进化过程而形成的，这一独特性质为我们预测生态系统未来可能的发展方向提供了宝贵的科学支撑。

10. 具有健康、可持续发展特性

在地球的演变历程中，自然生态系统始终为全球的生命体系提供支撑，并为人类的生活和进步创造了优越的物质条件和生活环境。但是，人类长时间的掠夺性开采和生产活动对生态环境造成了巨大的风险。可持续发展的理念强调人们需要改变思维方式，加强对生态系统的管理，确保生态系统的健康和可持续发展，并在现实时间和空间上实现全面的发展。

二、生态系统的组成与结构

（一）生态系统的组成成分

生态系统的组成成分，不论是陆地还是水域，或大或小，都可概括为非生物和生物两大部分，或者分为非生物环境、生产者、消费者和分解者四种基本成分。

1. 非生物环境

非生物环境为生态系统提供了必要的生命支撑，它不仅是生物的居住环境，满足了生物生存的基本需求，同时也是生物能量的主要来源。非生物环境主要涵盖了三个方面：驱动整个生态系统运作的能量和其他气候要素、生物生长所需的基质和媒介，以及生物生长和代谢所需的材料。推动生态系统运作的主要能源是太阳能，这是所有生态系统，甚至是整个地球气候变化的最重要的能源，它为生物的生长和发育提供了必要的热量。除此之外，地热与化学能源也构成了生态系统的关键能源来源。气候要素涵盖了风、气温及湿度。岩石、沙粒、土壤、空气和水等构成了生物生长和活动的主要环境和介质。用于生物生长和代谢的物质有 CO_2、O_2、无机盐及水等。

2. 生产者

在生态系统中，生产者不仅包括各种绿色植物，还涵盖了一些具有化学能量利用能力的菌类，他们构成了生态系统的基础组成部分。生产者有能力通过光能将 CO_2 和水转换为碳水化合物，也就是说，他们可以通过光合作用将部分能量储存为化学键能，为未来的利用做准备。生产者所经历的这一固定流程被称作初级生产，所以生产者也被叫作初级生产者。生产者通过光合作用不仅为其自身的生存、成长和繁衍提供了必要的营养和能量，而且他们生产的有机物质也成为了消费者和分解者的唯一能源来源。因此，在生态系统中，生产者被视为最根本且至关重要的部分。只有通过生产者进行的光合作用，太阳能才能持续不断地进入生态系统，并随后被其他生物所吸收和利用。

所有能够自我维持的生态系统都应当具备进行物质生产的能力。其中，各类藻类是水生生态系统的主要生产者，而各类树木、草本植物和苔藓等则是陆地生态系统的主要生产者，它们对整个生态系统的生成都有着各自独特的贡献。

3. 消费者

消费者是不能用无机物制造有机物的生物，它们直接或间接地依赖于生产者所制造的有机物质，是异养生物。根据食性的不同可分为以下几类。

（1）草食动物

草食动物指以植物为食的动物，又称植食动物，是初级消费者，如昆虫、啮齿类、马、牛、羊等。

（2）肉食动物

肉食动物主要以草食性动物或其他种类的肉食动物作为其食物来源。肉食动物可以被分类为：一级肉食动物（也被称为二级消费者），它们主要以草食动物为食，如池塘里的某些浮游鱼，在草原上也存在以草食动物为食的捕食性动物；二级肉食动物，也被称为三级消费者，主要以一级肉食动物为主食，例如池塘里的黑鱼或鳜鱼，以及草原上的鹰和其他猛禽；被称为四级消费者的三级肉食动物，主要以二级肉食动物为主食，也被称作顶部肉食动物，例如狮子和老虎等。

（3）杂食性动物

杂食性动物，也被称作兼食性动物，是一种介于草食性和肉食性动物之间的生物，既以动物为食，也以植物为食。人类通常是杂食性动物的代表，其中 88%的食物来源于植物，大约 20%来自谷物。狐狸不仅以浆果为食，还以鼠类为食，同时也会吃其他动物的遗体。消费者在整个生态系统中扮演着至关重要的角色，他们不仅负责初级产品的加工和再生产，还对其他生物的生存和繁殖有着积极的影响。生物可以根据其营养层次或级别进行分类，其中生产者属于第一营养级，草食动物属于第二营养级，而以草食动物为食的动物则属于第三营养级。依此类推，还存在第四营养级和第五营养级等分类。然而，某些杂食性生物在营养层面上占据了多个级别。

4. 分解者

这些分解生物都是异养生物，它们在生态系统中持续地进行分解，将复杂的有机物逐渐转化为简单的无机物，最终以无机物的形态返回到环境中，然后再被生产者利用。因此，它们也常被誉为还原者。

在生态系统中，分解者扮演着至关重要的角色。他们将酶释放到动植物残体的内部或外部，将残体转化为微小的粒子或分子，然后再将其分解为无机物质并返回到环境中。倘若缺少了这些生物，地球上的动植物遗体将会累积形成山脉，导致物质无法进行循环，从而破坏整个生态系统。

分解的过程并不是某一种生物能够完成的，它通常涉及一系列的复杂步骤，每一个步骤都是由不同的生物来完成的。在这些生物中，主要包括细菌、真菌以及一些生活在营腐环境中的原生动物和小型土壤生物。例如，在草地上，我们可以找到生活在枯枝落叶和土壤上层的细菌和真菌，以及蚯蚓、螨等无脊椎生物，它们共同参与分解过程。在池塘里，分解出的生物包括细菌、真菌，以及如蟹、软体动物和蠕虫这样的无脊椎动物。

（二）生态系统的结构

仅仅拥有生态系统的各个组成部分，并不意味着一个完整的生态系统就能够正常运作。仅当生态系统中的各个组成部分通过特定的途径组合成一个能够实现特定功能的完整系统时，我们才能称其为一个完整的生态系统。在生态系统中，不同的组成部分和要素如何配置或组织，这就构成了系统的整体结构。

1. 生态系统的物种结构

在生态环境里，各种不同的物种对系统的构造和功能稳定性产生了各异的作用。在生物群落的构成中，存在着被称为优势种、建群种、伴生种和偶见种的种类，同时，我们所提及的关键种和冗余种对于系统的结构和功能稳定性也起到了至关重要的作用。

在生态系统中，物种所扮演的角色有两种被广泛接受的理论，分别是铆钉理论和冗余理论。铆钉假说实际上是把生态系统中的每一种生物视为一架精制飞机上的每一颗铆钉，认为飞机上任何不显眼的铆钉丢失都有可能引发严重的事故；在生态系统里，任何物种的消失都将导致整个生态系统的转变。这一理论主张，在生态系统中，每一种生物都拥有同等的关键功能。冗余理论提出，在生态系统中，不同的物种在功能上存在明显的区别，有些物种在其生态作用上呈现出较大的交叠。因此，从生物种类的视角来看，某些物种起到了决定性的角色，它们可以被视为飞机的“飞行员”，而其他一些则被视为“乘客。如果失去了前者，生态系统可能会遭受严重的破坏或停滞，而失去后者对生态系统的影响则相对较小。

2. 生态系统的营养结构

生态系统中的营养结构指的是无机环境与生物群落、生产者、消费者和分解者之间，通过营养或食物传递而形成的一种组织形态，这是生态系统最基本的结构特点。生态系统中各个成分间的营养关联是通过食物链和食物链来建立的。

（1）食物链

食物链描述的是在生态系统中，不同的生物在其营养互动中所形成的一系列类似于链条的相互关系。简而言之，食物链描述的是生物间（涵盖动物、植物和微生物）通过食物和被食物连接的一系列链式的营养互动。在生态系统中，各种元素之间最根本的联系是通过食物链来建立的，将生物与非生物、生产者与消费者、消费者与消费者连接成一个整体，即系统中的物质和能量从植物开始，逐级转移到大型肉食动物。

在自然界的生态系统里，存在着几种不同类型的食物链，包括牧食（捕食）食物链、碎屑食物链以及寄生食物链。在牧食食物链中，首先是活体的绿色植物，接着是草食性动物、一级肉食性动物和二级肉食性动物，例如草—蝗虫—蛇—鹰，然后是藻类—甲壳动物—小鱼—大鱼。碎屑食物链建立在已经死亡的动植物遗体之上，它起始于细菌、真菌以及某些土壤中的动物，例如动植物遗体、蚯蚓、线虫和节肢动物。寄生食物链主要依赖于活体生物作为其营养来源，并通过寄生的方式在食物链中生存，例如哺乳动物、跳蚤、原生动物、细菌和病毒。

（2）食物网

在生态系统里，各种食物链互相交织，构建了一个复杂的食物链网络，也就是我们所说的食物网。食物链在任何系统中很少单独或孤立地存在，它们构成了交叉的食物链结构。食物网生动地展示了生态系统中不同生物实体间的营养定位和它们之间的互动关系。在生态环境里，一个生物体常常同时存在于多个食物链中，无论是生产者还是消费者。例如，无论是牛、羊、兔还是鼠，它们都以禾草为食，这可能导致禾草与 4 个食物链产生联系。例如，黄鼠狼有能力捕食鼠、鸟和青蛙等生物，但它自身也可能成为狐狸和狼的猎物，因此黄鼠狼同时存在于多个食物链中。

在生态系统中，各种生物元素通过食物链建立了直接和间接的联系，确保了生态系统的结构和功能维持在一个相对稳定的状态。在生态系统中，营养的构成并不是恒定的，它是在持续地经历变化。当食物链中的某一部分出现问题时，我们可以考虑通过其他食物链来做出相应的调整和补偿。在某些情况下，营养结构网络中的某一部分可能会发生变动，这种变动可能会对整个生态系统产生影响。生态系统利用食物作为营养来源，将生物与生物、生物与非生物的环境融合为一个有机的整体。

（3）食物链及食物网的特点

在食物链中，每一个环节都被称作营养阶层或营养级，这是指位于食物链某一特定环节的所有生物种类的集合。食物链的长度一般不会超出 6 个营养级别，其中最常见的是 4～5 个营养级别，这是因为能量在食物链中流动时会不断流失。食物链的长度越长，最终在营养级获得的能量就越少，因为从起点到终点经过的营养级越多，能量的损耗就越大。在生态系统里，食物链并不是一成不变的，它不只是在进化的历程中经历了变迁，而且在较短的时期内也会有所调整。另外，食物链或食物链的复杂性与生态系统的稳健性有着直接的联系。

在生态系统里，食物网络的结构是相当复杂的，但它们都遵循某种特定的模式。为了使食物网结构更为简洁，我们可以将处于相同营养层次的不同生物或同一物种在不同发育阶段的生物合并为一个统一的营养物种。这个营养物种是由吃相同被食的生物和有相同捕食者，且在营养层面上完全一致的生物群体组成的。营养物种既有可能是单一的生物种类，也有可能是多个不同的物种。基于物种在食物链中的位置，它们可以被分类为三个主要的种类：

① 顶级的种类。这是一种在食物链中不会被其他捕食者捕食的生物。在食物链中，所谓的顶位种通常被称作收点（sink），它涵盖了一种或多种的捕食者。

② 中级品种。在食物链中，它既扮演着捕食者的角色，同时也是被食者。

③ 基位的种类。它不以任何其他生物为食。在食物链中，基位种通常被称作源点，涵盖了一种或多种的被食者。链节在食物链中扮演着物种间的

桥梁角色。链节显示出明确的方向性，这揭示了食物链中不同物种之间的取食和被食行为。

关于食物网的控制机制，现在存在一个争议：是“自上而下”还是“自下而上”。这里的“自上而下”指的是较低营养阶层的种群结构（如多度、生物量、物种多样性等）受到较高营养阶层物种（如捕食者）的影响，这种现象被称为下行效应；“自下而上”的观点是，由于资源的限制，较低营养阶层的密度和生物量等因素决定了较高营养阶层的种群构成，这种现象被称作上行效应。下行的影响与上行的影响是相互匹配的。这次的辩论似乎表明，生态系统的动态受到两种效应的共同控制：一是资源的影响可能是最为关键的，二是较高营养层次对系统动态的控制，三是这两种效应都会影响系统的动态，具体的影响取决于不同生态群落的实际状况。

（4）生态金字塔

生态金字塔是一个图解模型，它展示了食物链中不同营养级之间的数量和能量的比例关系。按照生态系统的营养级排序，从初级生产者开始，各个营养级按照从低到高的顺序排列。由于这些营养级通常具有基部较宽、顶部较尖的形状，类似于金字塔，因此被形象地命名为生态金字塔或生态锥体。生态金字塔主要分为数量金字塔、生物量金字塔和能量金字塔这三大核心类别。

数量金字塔是根据不同营养层次的生物个体数量来定义的。然而，在数量金字塔的构建中，生物量这一因素被忽略了。比如说，当一只大象和一只老鼠都是食草动物时，它们之间的差异是巨大的，如果用数量金字塔来表示，那么它们之间的可比性就会受到影响，无法准确地描述真实的情况。

生物量金字塔采用生物量这一指标来量化各个营养层次中生物的整体数量。在水域的生态环境里，浮游生物的生物量已经超越了浮游植物，导致了生态金字塔的逆转现象。

能量金字塔是一种以各个营养层次固定的能量为基础来构建的金字塔结构，这种金字塔更直观地揭示了营养层面之间的相互依赖，其重要性超过了前两种金字塔。由于该系统不会受到个体的大小、成分构成或代谢速率的制约，因此它能够较为精确地描述能量传输的效率及整个系统的功能特性。

对生态金字塔的研究在提升生态系统各个营养层次的转换效率、优化食物链营养结构及获取更多生物产品方面具有重要的指导作用。塔的结构层次与其能量消耗之间存在紧密的联系，层次越丰富，消耗的能量越大，储存的能量就越少。塔基的宽度越大，生态环境就越稳定，但如果塔基太宽，能量转换的效率就会降低，从而导致能量的大量浪费。生态金字塔以直观的方式阐释了不同生物种群的数量及它们之间的比例关系。比如说，为何像老虎这样的大型肉食性动物的数量不太可能达到很高的水平；如果人类希望以肉食为主食，那么在有限的土地上生活的人数就不应过多。如果从以谷物作为食物转变为以食草动物的肉作为食物来源，并按照草食动物 10%的转化效率来计算，那么每个人所需的耕地面积将会增加 10 倍。

3. 生态系统的空间与时间结构

（1）空间结构

在自然生态系统中，通常可以观察到分层的情况。以草地生态系统为例，它是由大片的绿草组成，这些绿草形态各异，高度不一，而上层的绿草则相对稀少，并且它们特别喜欢阳光；下层的绿色植被非常密集，并且具有较好的阴耐性；最底部的部分就匍匐在地上。在森林群落中，林灌层主要吸收了大量的光辐射，但随着光辐射强度的逐渐降低，它逐步演变为林灌层、灌木层、草本层以及地被层等多个层次。

分层的结构是自然选择的产物，这大大增强了植物对环境资源的利用效率。比如，在成熟的森林环境中，上层的乔木能够最大化吸收阳光，而树冠之下则被那些能够高效利用微弱光线的下层树木所覆盖。当光线穿过乔木层时，它们在到达树冠时所占的比例可能只是全部光照的十分之一，但在林下的灌木层，我们可以利用这些已经发生变化的微弱光谱。位于灌木层之下的草本层可以吸收更为微弱的光线，而在草本层下方，还存在一个更为耐阴的苔藓层。在空间分布上，动物呈现出明显的层次结构：最顶部是可以飞翔的鸟类和昆虫，而最底部是兔子和田鼠，最底部则是蚂蚁等生物，此外，土壤下方还分布有蚯蚓和蝼蛄等生物。动物展现出的分层特点，很大程度上与其食物来源有关，不同的生态系统层次为它们提供了各种食物；此外，它还与各种微气候状况密切相关。例如，在欧亚大陆的北方针叶林区，地被层和草本层是两栖动物、爬行动物、鸟类（如丘鹬、榛鸡）、兽类（如黄鼬）和啮齿类的栖息地；在森林的灌木层和年轻的树层里，有莺、苇莺和花鼠等鸟类栖息；森林的中部区域是山雀、啄木鸟、松鼠和貂等鸟类的栖息地；在树的冠部，你可以找到柳莺、交嘴以及戴菊等生物作为栖息地。尽管许多动物能够利用多个不同的层次，但总存在一个他们最偏爱的层次。

对于水域生态系统的分层情况，我们已经有了明确的认识。水体表层聚集了大量的浮游植物，而中层则是浮游动物、鱼、虾等的主要栖息地，在底层的污泥层中，细菌和其他微生物数量众多。在水域里，有些水生生物表现出明显的分层特征，例如，在湖泊和海洋中的浮游动物呈现出鲜明的垂直分层行为。浮游生物在垂直方向上的分布主要受到阳光照射、气温、食物摄取以及氧气含量等因素的影响。大部分的浮游动物倾向于弱光环境，这导致它们在日间主要生活在较深的水域，而在夜晚则会上浮至表面进行活动。

各种生态系统在其结构布局上呈现出一致性，即上层阳光充沛，绿色植物的树冠或藻类集中分布，这有利于光合作用，因此上层也被称为绿带或光合作用层。位于绿带之下的是异养层或分解层，也经常被称作褐带。在生态系统里，分层结构有助于生物更有效地吸收阳光、水分、营养和空间资源。

（2）时间结构

随着时间的推移，生态系统的构造和外观都会发生变化，这揭示了生态系统在时间维度上的演变。通常，我们可以通过三个不同的时间段来进行评估：首先是长时间的时间尺度，主要关注的是生态系统的进化过程；在中等的时间尺度上，主要关注群落的演替过程；采用昼夜、季节以及年份等短期指标来描述周期性的变动。

在生态系统中，短期内的周期性变动是一个相当常见的情况。绿色植物通常在白天的阳光照射下进行光合作用，而在夜晚则仅进行呼吸活动。海洋的潮间带中，无脊椎生物的组成展现出鲜明的日夜变化规律。生态系统在短期内的结构变动，揭示了植物和动物为了适应外部环境的周期性调整，这进一步导致了整体生态系统外观的改变。生态系统结构在短期内的变动通常是环境质量变动的一个反映，因此，深入研究生态系统结构在时间轴上的变化具有不可忽视的实用价值。

第二章　环境监测技术及环境标准

第一节　环境监测及监测技术

一、环境问题和环境监测

（一）环境问题

国际上公认环境问题已成为人类面临的重大问题之一。从全球范围来看，环境问题主要包括两个方面：一是环境污染；二是环境破坏。环境监测主要关注的是由环境污染而引起的环境质量的变化，例如，水污染、大气污染等。

（二）环境分析和环境监测

环境污染导致了一系列对人类生活不利的环境公害问题。为了探究环境质量波动的根本原因，研究人员开始对污染物的性质、来源、浓度和分布状况进行详细的调查和研究，并对某些基础化学成分进行了定性和定量分析，这种方法被称为环境分析。环境分析的核心是研究人们因生产行为而释放到环境中的各种元素和污染物，这种分析既可以直接在现场进行，也可以在实验室里收集样本。这种特点是不连续操作的环境分析通常只能分析和测定局部的、短时间的、单一的污染物。虽然对单一污染物的分析研究构成了环境科学的核心基石，但要全面评估环境质量的优劣，仅仅对单一污染物的短期样本进行分析是不足够的，还需依赖多种能够代表环境质量因素的数据。环境监测即是对各种环境质量相关因素的代表性数值进行测量的活动。与环境分析相比，环境监测的范围更为广泛，不仅涵盖了直接的污染物，还包括了间接的污染物。为了获得有代表性的数据，我们必须在特定的地域内，对污染物进行持续且长期的观测。仅仅依赖化学分析是不足以完成这些任务的，还需要采用物理测定技术来测量与物理因素或物理单位（例如时间、温度、长度、流量等）相关的强度和状态，因此，环境监测需要实现测定的连续化和自动化。显然，环境分析构成了环境监测的基石，而环境监测也涵盖了环境分析的部分。相较于环境分析，环境监测测定所涉及的因素以及所采用的技术和方法都更为广泛，除了化学和物理的监测，还包括生物监测等多种手段。

二、环境监测的目的与分类

（一）环境监测的目的

环境监测旨在准确、即时和全方位地展示环境质量的当前状况和未来发展方向，以便为环境治理、污染源控制和环境规划提供科学的支持和依据。可以详细地总结为以下几个重点领域。

第一，我们需要对污染物及其浓度（强度）在时间和空间上进行持续追踪，深入了解污染物的起源、扩散、迁移、反应和转化过程。基于这些信息，我们可以评估污染物对环境质量的具体影响，并据此进行环境污染的预测、预警和预防措施。

第二，要深入了解和评估环境质量在过去、现在以及未来的变化趋势。

第三，我们需要收集关于环境的背景信息和长期的监测数据，这将为制定和修改各种环境标准、执行总量控制和目标管理提供重要的参考。

第四，执行精确且可信赖的污染检测，为环境执法机构提供法律执行的依据。

第五，当我们深入并广泛地进行环境监测时，结合环境的变化以及监测的理论和技术进步，我们需要不断地更新和改进监测的方法和工具，以确保为环境保护和持续发展提供坚实的技术支撑。

（二）环境监测的分类

环境监测可按监测介质和监测目的进行分类。

1. 按监测介质分类

环境监测主要针对的是各种监测介质（环境要素），包括大气污染、水质污染、土壤与固体废物、生物污染、生态环境、物理污染、放射性污染、电磁辐射以及热污染控制等多个方面的监测。

（1）大气污染监测

大气污染监测的目的是对大气中的污染物及其浓度进行监测和测定，目前已知的大气污染物大约有100种，这些污染物主要以分子和粒子的形态存在于大气之中。监测分子状污染物的主要项目包括SO_2、NO_2、CO（一氧化碳）、O_3、总氧化剂和碳氢化合物等。粒子状污染物的监测项目包括总悬浮颗粒物（TSP）、可吸入颗粒物（PM120）、自然降尘量以及尘粒的化学成分（例如重金属和多环芳烃）等。另外，在某些特定区域，还可以根据实际情况增设一些特定的监测项目，例如酸雨和氟化物的监测。

大气污染的浓度与气象状况紧密相关，因此在对大气污染进行监测的过程中，还需要对风向、风速、气温和气压等气象因素进行测量。

（2）水质污染监测

水质污染的监测范围涵盖了未受污染或已被污染的自然水源（例如江河、湖泊、海洋和地下水），以及多种形式的工业和生活废水。主要的监测项目大致可以划分为两大类，其中一类是用于反映水质污染状况的综合性指标，包括温度、色度、浊度、pH、电导率、悬浮物、溶解氧（DO）、化学需氧量（COD）以及生化需氧量（BOD5）等。还有一种物质是有毒的，包括酚、氰、砷、铅、铬、镉、汞、镍以及有机农药和苯并芘等。除了上面提到的监测项目之外，还需要对水体的流速和流量进行测量。

（3）土壤和固体废弃物监测

土壤污染主要受到两大因素的影响，其一是工业废料，尤其是废水和废渣浸出液的污染；从另一个角度看，化肥和农药造成了污染。土壤污染的核心监测项目包括对土壤和作物中可能存在的有害重金属，如铬、铅、镉、汞以及其他残留的有机农药的检测。固体垃圾涵盖了工业、农业和日常生活垃圾，其主要的监测焦点集中在固体废弃物的潜在风险和生活垃圾的特性上。

（4）生物污染监测

无论是动物还是植物，地球上的所有生物都是直接或间接地从大气、水源、土地和阳光中获取他们所需要的营养。当这些生物摄取营养时，一些有毒的污染物也可能进入它们的体内，某些有毒物质在不同的生物体内可能会累积，这可能会对动植物的生长、繁殖造成伤害，甚至可能导致它们死亡。环境中的污染物通过生物积累和食物链传播，最后对人体健康构成威胁。生物污染监测主要是对生物体内的环境污染物进行检测，包括但不限于重金属元素、有机农药以及有毒的无机和有机化合物等。

（5）生态监测

生态监测是一种通过观察生物群落和生物种群的动态变化，以及评估生态系统对自然和人为因素变化的反应，从而量化各种生态系统在结构和功能方面的时空分布的方法。相较于生物监测，生态监测是一种更为复杂和综合的环境监测方法，它主要依赖于生命系统的各个层面来进行环境的观测。

（6）物理污染监测

物理污染的监测涵盖了物理、电磁辐射、放射性和热辐射等多种物理能量对环境的影响。噪声、振动、电磁辐射和放射性物质对人体造成的伤害与化学污染物的伤害有所不同。当环境中的这些物理参数超出特定阈值时，它们会对人的身体和心理健康造成直接的威胁，特别是放射性物质对人体的伤害更为严重。因此，物理污染的监测成为环境监测的核心部分，监测的焦点主要集中在环境中各种物理参数的浓度上。

2. 按监测目的分类

按监测目的分类，可分为监视性监测、特定目的性监测和研究性监测。

（1）监视性监测

所谓的监视性监测，也可以被称为常规的监测。监视性监测的目的是对各种环境因素的污染程度和污染物的变动趋势进行持续的追踪和观察，从而为评估污染控制的效果、执行环境标准以及判断环境的改进状况提供科学依据。收集到的环境质量监测数据构成了评估特定区域内环境污染现状和未来发展方向的关键基础。监控性的监测工作涵盖了两个主要领域。

① 环境质量监测。大气环境质量监测的目的是对大气中的主要污染物进行周期性或持续性的观测，从而收集有关大气环境质量的关键数据。根据这些数据，我们定期发布关于环境空气质量的评估报告，这将为研究大气质量的变动模式和未来趋势，以及进行大气污染的预测和预报提供重要参考。

对于江河、湖泊、水库和海域中的水体（涵盖底泥和水生生物），水环境质量监测实施了定期的定位监测，并在适当的时机对地表水（或海水）的当前质量和污染趋势进行了评估，从而为水域环境的管理提供了可信赖的数据和信息。

环境噪声监测系统对各个功能区的噪声、道路交通产生的噪声以及区域内的环境噪声进行持续和定期的监控，以便及时和准确地了解城区的噪声状况，并分析其变化趋势和规律，从而为城市噪声的管理和治理提供全面的监测数据。

② 污染源监督监测。污染源的监督监测是一种定期和定点的常规监测活动，其目的是监控和检测主要污染源污染物排放的时间和空间变化情况。监测的范围涵盖了主要的生产和生活设备排放的各类废水检测、生产过程中的废气检测、各类锅炉和窑炉排放的烟气和粉尘检测、机动车排放的尾气监测，以及噪声、热量、电磁波和放射性污染的监测等多个方面。

污染源的监控和监测的核心目标是了解污染源排放到环境中的污染物的种类、浓度和数量，并对污染物在时间和空间上的分布、迁移、稀释、转化和自净规律进行分析和判断。这有助于我们了解污染物对环境的影响和污染程度，从而制定出有效的污染控制和防治策略，为环境管理提供持续和定期的技术援助和服务。

（2）特定目的性监测

所谓的特定目的性监测，也被称为应急监测或特例监测，它是一种不固定时间和地点的监测方式。这种类型的监测不仅包括常规的地面固定监测，还涵盖了流动监测、低空航测和卫星遥感监测等多种方式。特定目的性监测指的是为了完成特定任务而进行的紧急监测活动，这包括以下几个关键领域。

① 污染事故监测。污染事故监测的目的是对各类污染事件进行实时的现场跟踪和监控，以全面了解其造成的污染程度、影响范围以及潜在的危害程度。例如，油船的石油泄漏事故导致的海洋污染，核动力厂的泄露事故对周边空间造成的放射性污染，以及工业污染源引发的各种突发污染事故，都属于这一类别。

② 纠纷仲裁监测。纠纷仲裁监测的主要目的是为了解决在执行环境法规时出现的各种矛盾和纠纷，这包括但不限于排污费用的监控、数据仲裁的监控，以及在处理污染事故纠纷时向司法部门提供的仲裁监测服务等。

③ 考核验证监测。考核验证监测的主要目的是对环境管理制度和措施进行全面的考核和验证，这包括但不限于排污许可、目标责任制、对企业高级环保指标的评估，以及建设项目“三同时”竣工验收和治理项目竣工验收等多个方面的监测。

④ 咨询服务监测。咨询服务监测的目的是为社会的各个部门和单位提供关于科研、生产、技术咨询、环境评估以及资源的开发和保护等方面所需的监测服务。

（3）研究性监测

研究性监测又叫科研监测，属于高层次、高水平、技术比较复杂的一种监测。

① 标准方法、标准样品研制监测。标准方法和标准样品的研制监测是为了制定和统一监测分析方法，以及研制环境标准物质（包括标准水样、标准气、土壤、尘、植物等各种标准物质）而进行的监测活动。

② 污染规律研究监测。污染规律的研究和监测主要集中在确定污染物从其污染源流向其受体的动态过程上。对研究环境中应当关注的污染物进行监测，并研究它们对人类、生物及其他生物的潜在影响。

③ 背景调查监测。该监测是专项调查监测某环境的原始背景值，监测环境中污染物质的本底含量。

④ 综合评价研究监测。该监测是针对某个环境工程、建设项目的开发影响评价进行的综合性监测。研究性监测往往需要联合多个部门、多个学科协作共同完成。

三、环境监测技术

环境监测技术包括采样技术、测试技术和数据处理技术等。下面仅介绍污染物的常用分析测试技术。

（一）化学分析法

化学分析法是以化学反应为基础的分析方法，分为重量分析法和容量分析法（滴定分析法）两种。

1. 重量分析法

重量分析法的核心思想是首先采用恰当的方式将试样中的待测组分与其他成分进行分离，然后将其转换为特定的称重方式，并利用这种称重方式来确定该组分的具体含量。重量分析法被广泛应用于测定环境空气中的总悬浮颗粒物、降尘、烟尘、生产性粉尘，以及废水中的悬浮固体、残留物和油类等成分。

2. 容量分析法

容量分析法涉及将一个已知的精确浓度的溶液滴入含有待测物质的溶

液中，然后根据化学计量来定量反应完全时消耗标准溶液的体积和浓度，从而计算出被测组分的含量。基于化学反应的种类差异，容量分析法可以被划分为酸碱滴定法、配位滴定法、沉淀滴定法以及氧化还原滴定法这四个类别。容量分析法被广泛应用于测定水中的酸碱度、氨氮、化学需氧量、生化需氧量、溶解氧、六价铬、氰化物、氯化物、硬度、酚以及废气中的铅含量。

（二）仪器分析法

仪器分析法是一种依赖于待测物质的物理或物理化学特性来进行分析的技术。例如，可以通过分析物质的光学和电化学特性来进行研究。这种分析手段通常依赖于高精度的仪器，因此被命名为仪器分析法。

（三）光谱法

光谱法是一种基于物质的发射和吸收辐射能，通过测量辐射能的变动来确定物质成分和结构的分析技术。光谱法主要分为以下几个类别。

1. 可见和紫外吸收分光光度法

可见和紫外吸收分光光度法是一种基于特定颜色的溶液对特定波长的单色光（例如可见光或紫外线）进行选择性吸收的方法。此外，溶液对这些波长的光的吸收能力（即吸光度）与其颜色的深浅（即待测物质的含量）是正相关的，这与朗伯-比尔定律是一致的。在进行环境监测时，我们可以使用可见光和紫外吸收分光光度法来测量多种污染物。例如砷、铬、镉、铅、汞、锌、铜、酚、硒、氟化物、硫化物、氰化物、二氧化硫和二氧化氮等元素。尽管新的分析技术层出不穷，但在环境监测领域，可见和紫外吸收分光光度法依然与原子吸收分光光度法、气相色谱法和电化学分析法并列，成为四大核心的分析手段。

2. 原子吸收分光光度法

原子吸收分光光度法（AAS）是一种利用基态待测物质原子的蒸气，

对光源发出的特征谱线进行选择性吸收的方法，其光强的减弱程度与待测物质的含量是符合朗伯-比尔定律的。这种方法能够满足微量和痕量分析的标准，并在如空气、水、土壤和固体垃圾的环境监测中得到了广泛的应用。利用原子吸收分光光度法，我们能够测量工业废水和地表水中的镉、锂、砷、铅、锰、钴、铬、铜、锌、铁、镁等元素，以及大气粉尘中的钒、汞、镉、铅、锰、镍、铜等元素，还有土壤中的钾、钠、镁、铁、钙、铍等元素。

3. 原子发射光谱法

原子发射光谱法（AES）是一种依据气态原子在受到激发时释放出该元素原子固有特性的辐射光谱，通过测量波长谱线和谱线强度来进行元素的定性和定量分析的技术手段。得益于等离子体新光源的广泛应用，电感耦合等离子体发射光谱法得到了迅速的发展，并已被成功应用于清洁水、废水、底质和生物样本中多元素的同步检测。

4. 原子荧光光谱法

原子荧光光谱法（AFS）基于气态原子对辐射能量的吸收，当它从基态跳转到激发态并返回基态时，会产生紫外和可见光的荧光。这是一种通过测定荧光强度来对待测元素进行定性和定量分析的技术。对于砷、锑、硒等元素，原子荧光分析显示出极高的检测灵敏度。

5. 红外吸收光谱法

红外吸收光谱法主要是通过物质对红外区域的选择性吸收，来对这些物质进行定性和定量分析。利用这一原理，已经制造出了专门用于检测 CO、CO_2和油类的仪器。

6. 分子荧光光谱法

分子荧光光谱法是一种基于物质分子在吸收紫外和可见光后发出的荧光来进行定性和定量分析的技术。利用荧光强度的测量，能够对大量的微量有机和无机成分进行精确的量化分析。在进行环境分析时，它主要被应用于测定如硒、氨、油类和沥青烟这些高度致癌的物质。

（四）电化学分析方法

电化学分析技术是通过利用物质的电化学特性，利用电极作为转换工具，将待测物质的浓度转换为电化学参数（例如电导、电流、电位等），然后进行测量的一种分析方法。

第二节　环境监测的目的与分类

一、环境监测的目的

通过环境监测活动，我们能够对环境中的污染源进行实时和动态的监控。通过在实验室环境中进行样本采集，我们能够对环境质量进行客观的评估，并明确环境污染源对人类造成的总体危害水平。在进行环境采样分析时，必须依赖于环境监测的技术手段。依赖于环境监测的工作，环境保护工作人员能够迅速识别环境污染源，并根据具体情况制定科学而完善的生态环境保护策略。

环境监测旨在准确、即时和全方位地展示环境质量的当前状况和未来发展方向，以便为环境治理、污染源控制和环境规划等方面提供科学的支持和依据。具体来说，可以总结为以下六个方面。

（1）依据环境质量的标准来进行环境质量的评估。

（2）考虑到污染的特性、分布模式和环境状况，我们持续追踪污染源，并为其变化趋势提供数据，从而为污染的监管和控制提供科学依据。

（3）为了研究环境容量、实施总量控制、目标管理以及预测和预报环境质量，我们收集了基础数据并整理了长期的监测信息。

（4）为了维护人类的健康和环境，以及合理地利用自然资源，我们制定了一系列的环境法律、标准和规划服务。

（5）通过对环保设施的运行效果进行监测，我们可以制定相应的措施和管理策略，以实现减少污染和保护环境的双重目标。

（6）为环境科学的研究提供了坚实的科学支撑。

二、环境监测的分类

（一）监视性监测

监视性监测作为监测任务的核心环节，其执行质量直接反映了环境监测的整体水平。针对指定的相关项目，我们进行了持续且长期的监控，目的是确认环境的质量和污染源的当前状态，评估控制措施的成效，并对环境标准的执行和环境保护的进展进行评估。这种类型的监测涵盖了污染源的监测以及环境质量的监测。污染源的监测主要涉及了解污染物的排放浓度、排放的强度、总的排放量以及其在时间和空间上的变化，这为加强环境的管理和执行相关的法律、标准和制度提供了关键的技术支撑。环境质量监测主要涉及对特定区域内的大气、水质、噪声、辐射和生态等多个环境质量因素进行定期、定点的监测和分析，以便为环境管理和相关决策提供科学依据。

（二）特种目的监测

虽然特种目的监测有多种内容和形式，但其工作频率相对较低，主要涵盖了污染事故监测、仲裁监测、考核验证监测、基线监测、健康监测、可再生资源监测以及咨询服务监测这七个方面。

（1）对污染事件进行监控。当污染事故发生时，应立即进行紧急监测，以准确确定污染物的扩散方向、扩散速度和可能造成的危害范围，从而为污染控制提供科学依据。这种类型的监测方法通常包括流动监测（如车辆、船只等）、简单的监测手段、低空飞行测量以及遥感技术等。

（2）对仲裁进行监控。仲裁的监控主要集中在污染事故的纠纷解决和环境法实施过程中出现的冲突上。仲裁的监控应由国家指定的权威机构来执行，目的是为了提供具有法律约束力的数据（公证数据），以供执法和司法部门进行仲裁。

（3）进行考核、验证以及监测工作。这种类型的监测主要涉及到设施的验收、环境的评估、机构的批准以及应急监控能力的考核等多个方面的工作。这包含了对人员的评估、方法的确认及污染治理项目完工后的验收与监控。

（4）进行基准的观测。这种类型的监测通常设置在环境未受污染的区域，以便为环境评估提供必要的背景信息，这些监测活动通常与气象观测站联合进行。

（5）对健康状况进行持续监控。这是一项至关重要的监控活动，其核心目标是探究环境因素如何影响人体健康状况。

（6）对可再生资源进行监控。可再生资源的监测涵盖了土壤、草原、森林等自然资源的监测，主要关注土壤退化的趋势、热带雨林和牧场的变化等。

（7）对咨询服务进行监控。这种类型的监测是针对政府各部门、科学研究机构以及生产单位所提供的服务性监测服务。比如说，在创建新企业时，必须进行环境影响的评估，并根据评估的标准进行持续的监控。

（三）研究性监测

研究性监测是针对特定目的的科学研究而进行的高层次的监测。这类研究往往要求多学科合作进行，并且事先必须制订周密的研究计划。

（四）其他监测

除了前面提到的分类，环境监测可以根据其监测目标进行分类，包括水质、空气、土壤、固体废物、生物、噪声、振动、电磁辐射、放射性、热量和光线的监测等。

根据监测部门的不同，可以将其分类为基线监测（气象部门）、卫生监测（卫生部门）、常规监测（环境保护部门）以及资源监测（资源管理部门）等几个类别。

三、环境监测的原则

在环境监测中，由于人力、监测手段、经济条件、仪器设备等限制，不可能无选择地监测分析所有的污染物，应根据需要和可能，坚持以下原则。

（一）选择监测对象的原则

基于实地考察，我们根据污染物的特性，挑选了那些具有高毒性、严重危害和广泛影响的污染物。

在选择污染物时，我们必须采用可靠的测试工具和高效的分析方法，以确保我们能够获取到准确、可信赖且具有代表性的数据。

能够对监测到的数据进行准确的解读和评估。如果这些监测数据既没有明确的标准可供参考，也无法了解其对人体健康和生物体可能产生的影响，那么监测工作可能会陷入无目标的状态。

（二）优先监测的原则

尽管需要监控的项目数量众多，但它们不可能同时进行，我们必须始终遵循优先进行监测的策略。对于具有广泛影响的污染物，应优先进行监控。比如说，煤炭燃烧产生的污染和汽车排放的尾气污染都是全球范围内的难题，很多环境污染事件都是由这些因素引发的。因此，在当前的大气监测中，需要优先关注的项目包括二氧化硫、氮氧化物、一氧化碳、臭氧、飘尘及其成分以及降尘等。根据水体的不同功能，水质监测可以确定哪些项目应被优先考虑，例如，饮用水源的监测应按照饮用水标准所列的项目进行。对于那些存在潜在风险且污染趋势可能增加的项目，也应该优先进行监控。

第三节　环境监测的内容、特点及发展

一、环境监测的内容

环境监测是分析监测影响环境质量的各种污染物及其变化和相关因素的一门科学分支，主要的监测内容如下。

（一）大气污染监测

大气污染的监测可以分为两大类：一是大气环境质量的监测，二是污染源的监测，这两类污染源分别是固定污染源和流动污染源。目前，超过百种污染物已被纳入大气污染的监测项目中，我国制定了多项标准来规定大气污染物的最大允许浓度和排放量，这些污染物往往成为主要的监测项目。在全球范围内的大气污染监测中，酸雨、臭氧和温室效应气体都被纳入考虑范围。大气污染与气象状况有着紧密的联系，因此在进行大气质量监测的过程中，经常需要测量气象相关的参数。

（二）水质污染监测

水质污染的监测可以分为两大类：水环境质量监测和废水监测，其中，水环境质量监测涵盖了地表水和地下水的监测。我国已经制定了多个关于水质和排放的标准。主要的监测项目涵盖了物理属性、化学污染指数以及相关的生物指标。除此之外，水文参数还涵盖了流速和流量等方面。

（三）土壤污染监测

土壤受到的污染主要是由于工业废料的累积、污染灌溉以及化肥、农药和除草剂的不恰当使用导致的。主要的监测焦点包括对土壤生态平衡产生影

响的重金属元素、有害的非金属元素以及难以分解的有机物质。

（四）生物污染监测

生物污染监测指的是对生物体内存在的污染物进行详细的检测和分析。生物在从大气、水、土壤或食物中摄取营养的过程中，也会有一些污染物进入其体内，这些污染物在生物体内积累并对其造成损害，从而破坏生态平衡，并直接或间接地对人体健康产生影响。监测的重点项目包括重金属元素、有害的非金属元素、农用化学品及某些有害的化学物质等。

（五）固体废物监测

固体废物指的是被丢弃的固体或泥状物质，这些物质来源于人类的生产和消费活动，主要用于监测固体废物的毒性、易燃易爆性、腐蚀性和反应性，包括有毒有害物质的组成含量测定和毒性试验。

（六）噪声污染监测

噪声污染监测主要是环境噪声和噪声源监测，其中环境噪声包括城市环境噪声、交通噪声等。

（七）放射性污染监测及其他能量污染监测

主要任务是测量人体和环境（例如空气、土壤、生物和固体废物等）中的 α、β 放射性活度，并对热污染、振动污染、光污染和电磁污染等进行监控。

环境监测涉及的项目、内容以及污染物的种类都非常丰富，并且情况相当复杂。在已知的 700 万种化学成分中，超过 10 万种是可以进入环境的，而这些污染物又会相互影响或发生转化。从环境质量的角度看，监测项目的数量越多，对污染情况的掌握就越准确。然而，由于实际的人力、物力和技术限制，不可能将所有涉及的项目都纳入考虑。因此，应该确定一个筛选原则，根据监测的目的和污染物的特性，优先监测那些危害性大、出现频率高、具有代表性的项目。被优先考虑的监测污染物被称为环境优先污染物，而对这些优先污染物进行的监测则被称为优先监测。

通常，我们可以基于以下准则来确定需要优先监测的项目：它们对环境的影响较大、持续的时间较长或可能在生物体中累积；我们已经拥有了可信赖的监测手段，并可以获取到精确的信息；已经存在明确的环境准则或其他相关的规定与要求；环境中的污染物数量已经接近或超出了设定的标准，并且这种污染的趋势仍在增长中；样本具有很高的代表性，并能有效地展示环境的整体质量。

二、环境监测的特点和进展

为了了解环境监测的特点，应了解污染物的来源、污染物的性质、环境污染的特点。

（一）污染物的来源

在更广泛的意义上，“污染物质”这个术语指的是那些改变了环境自然成分的物质。这类污染物的起源可以被划分为两大类：自然来源和人为来源。

自然界中的污染物，也称为自然源污染物，主要是由各种自然事件导致的。例如，地球上的天然资源释放、火山喷发、海洋生物的分解与氧化、森林火灾等都可能导致大气中的甲烷、一氧化碳、臭氧、二氧化硫和二氧化氮含量上升。当某些地下水经过矿藏或断层岩层时，它们会含有大量的金属盐、放射性同位素和气体。此外，天然的放射性元素和宇宙射线也可能导致环境辐射的增加等问题。自然来源的污染物通常表现出对全球范围内的大规模污染特性。

历史上，由于环境始终在不断变化，这类自然来源的污染物的生成并不受人类意志的影响，也是难以准确识别的。因此，在环境科学领域，“污染物质”通常是指那些由人类活动导致的污染物质，也就是人为产生的污染物质，而自然来源的污染物质则被视为自然环境的基准值（即背景水平）。

人为产生的污染物质可以进一步细分为农业、工业、日常生活以及交通这四大类。

1. 农业源污染物质

农业活动产生的污染物质主要包括家畜、家禽等动物的废弃物，植物的残留物，化学肥料，化学杀虫剂，农药等。

尽管农家的动物废弃物具有良好的肥效，但它们会释放出特定的气味，如果被雨水冲刷进入河流，可能会对水质造成污染。为了提高肉类和蛋类的消费量，同时降低养殖成本，多个国家已经陆续建立了大规模的养殖场。一个拥有 3 万头家畜的养殖场，在雨季排放的污水中，BOD_5 的总量与一个拥有 20 万居民的城市排放的总量相当。

包括农作物的主干、茎和根，以及树木的残枝和落叶，还有森林伐木后留下的残木和木段等，都是病菌的藏身和繁殖场所。这些残留物有可能变质和腐败，从而产生有害的气体污染大气，而雨水的冲刷也可能对水体造成污染。

农业中广泛使用的各种化学肥料，例如氨水、硝酸铵、硫酸铵、碳酸氢铵、尿素和过磷酸钙等，都可能对河流和地下水造成污染，从而导致地下水中的氮含量增加和水体富营养化。

长时间施用氮肥会导致水中硝酸盐浓度上升。在某些微生物的影响下，硝酸盐可能会被还原为亚硝酸盐，并可能进一步转化为亚硝胺。这种物质是致癌的，专家的研究指出，这是我国消化系统癌症发病率较高的关键因素之一。

化学农药与杀虫剂成为了导致环境污染的主要因素。自 20 世纪 50 年代起，化学杀虫剂的种类和使用量每年都在增加。一些常见的化学杀虫剂包括无机化合物，例如氧化砷和亚砷酸钠等；在有机化合物中，有机氯类包括 001、六六六、氯丹等，而有机磷类则有敌敌畏、敌百虫、对硫磷、马拉硫磷等。这批农药的化学特性大部分都是稳定的，不容易被分解，并且可以在食物链中在动物和人体的脂肪组织中累积，这对人类的健康构成了威胁。

2. 工业源污染物质

工业产生的污染是导致环境污染的首要因素。绝大多数的工业都在不同的层面上排放了污染物。在当前的生产活动中，人类尚未能够完全高效地使用能源和原材料，因此不得不将其中的一部分废物排放出去，这不仅造成了资源的浪费，还引发了环境污染。

在众多的工业领域中，污染物质的排放主要集中在能源工业（例如火力发电厂和核电站）、化学和石油化工、金属工业（例如冶金和金属加工）、采矿和轻纺工业（例如造纸、纺织和食品工业）。

3. 生活源污染物质

生活中的主要污染源包括生活污水和废弃物。人们每天产生的生活污水和污染物浓度会因不同地区的生活水平和习惯而存在显著的差异。如果未经妥善处理的生活污水被用于灌溉或排放到水体中，这将对土壤和水体造成污染，并可能导致寄生虫病和肠道传染病的传播。此外，这还会增加水体的生化需氧量，降低溶解氧水平，从而恶化水质，并对水生资源造成破坏。

在生活来源的污染物中，医院排放的污水尤为值得关注，因为这些未经处理的污水中包含了众多的病原菌和有害成分。

城市垃圾也是病菌和寄生虫传播的媒介，因此，在将其用作肥料之前，必须对其进行无害化处理。

4. 交通源污染物质

汽车的尾气和噪声是由交通活动导致的主要污染源。汽车排放的尾气中包含了如一氧化碳、二氧化碳、氮氧化物、粉尘、烷烃、烯烃以及四乙基铅等多种有害物质。当这些物质在阳光的照射下进行光化学反应时，它们会生成具有氧化和刺激性的蓝色烟雾，即光化学烟雾，其主要成分包括臭氧、酮类、醛类、过氧化乙酰（或丙酰）硝酸酯。

在我国由于交通导致的环境污染，尤其是噪声污染，已经非常严重。交通路口的氮氧化物和一氧化碳污染呈现出逐年上升的态势，这一问题已经引起了相关政府部门的高度关注。

大部分的污染物是通过向大气中逸出或排放到水体中进入环境的，具体的污染源方式有以下几种：

① 点状污染源。其特点是密集的排放，例如从工厂的烟囱或污水出口排放出来的。

② 线污染源。主要来源是移动中的汽车在街道上释放的尾气。

③ 面污染源。如农田的径流和灌溉后的排水，都是导致水体污染的主要面污染源。另外，降水对大气的冲刷作用导致污染物进入水域，这同样构成了一种表面的污染源。众多的家用炉灶和矮小的烟囱聚集在一起，可能会形成一个地域性的污染来源。

关于污染源的种类，还存在其他的分类方法，例如基于污染源的存在方式，它们可以被划分为固定的污染源和流动的污染源；根据污染物的排放时间，它们可以被分类为连续来源、间歇来源以及瞬时来源等。

污染物质的扩散、分布、迁移和转化受到不同类型污染源的显著影响。

（二）污染物质的性质

污染物质的种类繁多、性质各异。这里讨论的是污染物质的一般性质。

1. 自然性

人类在自然环境中度过了漫长的岁月，并对各种自然物质展现出了高度的适应性。专家们对人体内 60 多种常见元素的分布模式进行了深入分析，并发现其中大部分元素在人体血液中的含量与它们在地壳中的含量高度相似。然而，与人工合成的化学物质相比，人类对其的耐受能力明显较弱。因此，区分污染物的自然或人为特性，可以帮助我们预估它们对人类可能带来的伤害。

2. 扩散性

具有高度扩散特性的污染物可能导致广泛的环境污染，而相对地，它们只会导致局部的环境污染。那些摩尔质量较低、溶解性良好且不容易被有机或无机粒子吸收的污染物，往往可以被扩散并传输到更远的地方。

3. 毒性

某些污染物具有高度的毒性，即便是微量存在，也可能威胁到人类和其他生物的生存。在环境污染物中，如氰化物、砷及其相关化合物、汞、铍、铊、有机磷和有机氯等，它们的毒性都相当高。污染物的毒性不仅与其数量有关，还与其存在的形态大小紧密相关。例如，与络合氰化物（如铁氰络离子）相比，简单氰化物（如氰化钾、氰化钠等）具有更高的毒性，而六价铬对人和农作物的毒性则超过了三价铬。污染物质所具有的毒性还涵盖了其致癌、致畸和致突变的特性。

4. 活性和持久性

活性是指污染物在环境中保持的稳定性水平。具有高活性的物质不能在环境中长时间存在，但我们需要关注其产生的反应物，以判断其是否可能导致二次污染。当污染物被排放到环境中，并受到其他环境因子的作用时，它们会发生化学变化，产生比之前更为有毒的污染物，这对人类和生物都是有害的，这种情况被称为二次污染。在水俣病的案例中，甲基汞中毒是一个二次污染的典型例子。这是因为含汞废水（包括无机汞）与甲醛或乙醛废水发生反应，或者是水中的无机汞被颗粒物吸附并沉降到河底，与甲烷细菌产生的甲烷反应，从而生成可溶性的烷基汞。与无机汞相比，烷基汞具有更高的毒性。当它被生物累积并通过食物链传递到人体时，可能会对人的大脑造成严重伤害，导致痴呆、精神异常，极端情况下甚至可能导致死亡。相对于活性，持久性意味着某些污染物，例如重金属铅、镉和铱，能够长时间维持其潜在的危害性。

5. 生物可降解性

某些污染物可以被生物体吸纳、应用并分解，最终转化为无害且稳定的物质。许多有机物都存在被生物分解的风险，例如苯酚虽然具有毒性，但在微生物的作用下可以被分解为无害物质，废水的生物化学处理正是利用了这些污染物的生物可降解特性。

6. 生物蓄积性

某些污染物在特定的生物体中会逐步堆积和富集。富集可能导致鱼类和鸟类因中毒而死亡或其繁殖能力下降；这些尸体在经过分解和腐烂后，对水和土壤造成了进一步的污染，导致生态系统遭受重大损害，同时也对人类的健康和食物来源带来了不利影响。

7. 对生物体作用的综合性

在环境中存在有毒或有害物质的情况下，仅有一种物质存在的概率极低，通常是多种污染物共同作用的结果，因此需要综合考虑这些污染物对生物体的综合影响。

因此，对各种环境污染物的性质进行深入的分析和了解，对于选择合适的污染物监测位置、采样方法、评估污染物对环境的潜在影响、研究环境的承载能力以及制定污染物的排放标准都具有极大的价值。

（三）环境污染的特点

环境污染是各种污染因素本身及其相互作用的结果，同时，环境污染还受社会评价的影响而具有社会性。

1. 污染物的时间分布

在探究环境污染的过程中，有必要了解污染物的排放量以及污染因素强度如何随着时间的推移而发生变化。随着时间的推移，某些工厂排放的污染物的种类和浓度可能会发生变化。例如，河流在不同季节，如丰水期、枯水期和潮汛时，其污染物浓度都会随着时间的推移而有所波动；随着气候条件的不断变化，大气污染可能导致同一种污染物在同一位置造成的地面污染浓度差异从数倍到数十倍不等；随着车辆流量的波动，交通产生的噪声强度也会相应地发生改变。

2. 污染物的空间分布

当污染物被释放出来后，它们会随着水源和空气的流动而逐渐被稀释和扩散。污染物的稳定性和扩散速率与其特性密切相关，同时，受到地理条件、地形、大气的湍流和水流等多种因素的作用，污染物在空间上的浓度分布也会有所不同。例如，一个烟囱（点源）排放的污染物在不同的距离和高度上的分布，是受到气象条件和环境条件的影响的。

从这一点来看，环境监测无疑是一个极其复杂的议题。为了准确地描述一个地区的环境状况，我们需要根据污染物在时间和空间上的分布特性，思考如何科学地选择采样点和确定合适的采样频率，这样未来的测量结果才能更具代表性。

3. 环境污染与污染物含量（或污染因素强度）的关系

有害物质导致的毒性与其对环境无害的自然基线之间有明确的分界线，同样，放射性和噪声的强度也存在差异，因此，污染物或其他污染因子对环境的危害达到了一个特定的阈值。为了确定阈值，首先进行动物实验，观察污染物在动物体内导致的生物、病理和生化指标的变化，从而确定对实验动物有害的阈值浓度。然后，通过计算和逻辑推断，将这些阈值浓度转化为对人体有害的浓度。基于这些数据，我们建立了环境污染与污染物含量之间的联系，并据此制定了各种污染物的卫生标准。研究阈值不仅是评估环境污染和污染水平的关键因素，同时也构成了制订环境标准的科学基础。

4. 污染因素的综合效应

环境是一个复杂体系，必须考虑各种因素的综合效应。从传统毒理学观点看，多种污染物同时存在对人或生物体的影响有以下几种情况。

（1）单独作用

所谓的单独作用，是指当生物体中的某些器官仅因为混合物中的某一成分而受到伤害，而没有因为污染物的联合效应而进一步加剧这种伤害时，这种情况被称为污染物的独立效应。

（2）相加作用

混合污染物的各个组成部分对人体同一器官的毒性作用是相似的，并且都倾向于相同的方向。当这种毒性作用等于所有污染物毒性作用的总和时，这种现象被称为污染的相加作用。例如，在大气中，二氧化硫和硫酸气溶胶之间，氯和氯化氢之间，当这些污染物的浓度较低时，它们的联合毒性作用就是相加作用；而在高浓度下，它们则不具有相加作用。

（3）相乘作用

当各种污染物对生物体产生的毒性超越了单一成分的毒性总和时，这种现象被称为相乘效应，例如在二氧化硫与颗粒物、氮氧化物与一氧化碳之间，都会出现这种相乘效应。

（4）拮抗作用

当两种或两种以上污染物对机体的毒害作用能彼此抵消一部分或大部分时，称为拮抗作用。

此外，污染还会使生态系统发生变化，不同程度地改变某些生态系统的结构和功能。

5. 环境污染的社会评价

环境污染的社会评估与多个因素有关，包括社会制度、社会文明水平、技术和经济发展状况、民族习俗、哲学观点以及法律规定等。某些具有潜在风险的污染物由于其长期的危害性通常不会受到大众的关注。然而，一些直接或现实的影响因素，例如城市居民长时间使用被污染的河水，往往被忽视。与此同时，由噪声和烟尘等因素引发的社会纠纷却相当普遍。

在评估污染物的来源时，我们不仅要考虑其在环境中的基础浓度，也就是环境的自然背景值。只有有了这样的背景值，我们才能判断这种污染物是人为造成的还是自然造成的。

（四）环境监测的特点

污染物质的种类多样、成分复杂、性质各异，其中大部分物质在环境中的含量（浓度）非常低，属于微量、痕量级、超痕量级，而且污染物质之间还存在相互作用，分析测定时会互相干扰，这就要求环境监测技术具备“三高”，即高灵敏度、高准确度和高分辨率。

鉴于环境监测涵盖了对环境污染的跟踪和预测，以及对环境质量的监控和评估，因此它需要大量具有代表性的可比较性数据。这就要求环境监测必须具备准确和及时的连续自动监测手段，并需要实现“三化”原则，即自动化、标准化和计算机化。

环境监测是一个涉及广泛知识和专业领域的领域，除了需要坚实的分析化学基础外，还必须具备物理学、生物学、生态学、水文学、气象学、地学和工程学等多个学科的全面知识。另外，在进行环境质量评估的过程中，社会评价因素是不可忽视的，因此环境监测也不能忽视这些社会性问题。因此，环境监测呈现出多学科、边缘、综合以及社交等多种特性。

（五）环境监测的进展历程

环境监测不仅仅是获取一系列环境监测数据，更是一种综合性的实用技术和应用科学。其核心目的是利用这些数据来描述和表征当前的环境质量状况，预测未来的环境质量发展趋势，并据此制定相应的环保和治理措施。这项技术是环境科学研究和环境保护中不可或缺的视觉和听觉工具，它是随着“三废”（废水、废气、固体废弃物）的污染控制和环境保护工作而逐步发展起来的。

在环境遭受污染的情况下，某些生物会展现出不正常的行为，如鱼类死亡、鸟类群集迁徙，以及植物的枝叶变黄或整株死亡等情况。生物体内的这些不正常变化与其污染物种类以及这些污染物在大气、水体和土壤中的浓度有着直接的联系。因此，通过观察某些生物（也被称为指示生物）对环境的不正常反应，我们可以确定污染物的种类和浓度，这为环境监测提供了一个新的方法——生物监测，使得环境监测的范围更加广泛。

第四节　环境监测的方法与技术

一、环境监测方法

（一）化学分析法

化学分析法是以化学反应为基础的分析方法，分为重量分析法和滴定分析法两种。

1. 重量分析法

重量分析法是一种先通过合适的方式将样品中的待测成分与其他成分进行分离，然后将其转换为特定的称重形态，并利用称重技术来确定这些成分的含量的技术。重量分析法被广泛应用于测定环境空气中的总悬浮颗粒物、可吸入颗粒物（PM10）、降尘、烟尘、生产性粉尘，以及废水中的悬浮固体、残渣和油类等成分。

2. 滴定分析法

滴定分析法涉及将一个已知的标准溶液滴入含有待测物质的溶液中，然后根据化学计量来定量反应完全时消耗标准溶液的体积和浓度，从而计算出被测组分的含量。滴定分析法可以根据化学反应的种类被分类为酸碱滴定法、配位滴定法、沉淀滴定法以及氧化还原滴定法这四大类。滴定分析法是一种主要用于测定水中的酸碱度、氨氮含量、化学需氧量、生化需氧量、溶解氧、硫化物、氯化物、硬度、酚及废气中铅含量的方法。

（二）仪器分析法

仪器分析法是一种依赖于待测物质的物理或化学特性来进行分析的技术。例如，可以通过分析物质的光学和电化学特性来进行研究。由于这种分析手段通常依赖于高精度的仪器，因此被命名为仪器分析法。

1. 光谱法

光谱法是根据物质发射、吸收辐射能，通过测定辐射能的变化，确定物质的组成和结构的分析方法。光谱法主要有以下几种。

（1）紫外-可见分光光度法

紫外-可见分光光度法是一种基于特定颜色的溶液能够选择性地吸收特定波长的单色光（无论是可见光还是紫外光）的方法。此外，溶液对这些波长的光的吸收能力（即吸光度）与其颜色的深浅（即待测物质的含量）是正相关的，这与朗伯-比尔定律是一致的。在进行环境监测时，我们可以使用紫外-可见分光光度法来检测多种污染物，例如砷、铬、镉、铅、汞、锌、铜、酚、硒、氟化物、硫化物、氰化物、二氧化硫和二氧化氮等。

（2）原子分光光度法

原子分光光度法是一种在进行环境监测活动时，通过分光技术来识别目标物质中存在的各种污染物，然后运用定量分析手段来准确确定这些污染物的具体浓度。这项技术是从微观层面对污染物进行深入分析的，能够识别出砷、硒、锑等多种污染物，并且其操作效率和灵敏度都相当高，因此也是一种常用的检测手段。

（3）原子发射光谱法

原子发射光谱法的应用原理是借助气态原子在应用过程中，可以对一定波长的光辐射进行吸收，而且根据不同原子内部电子能级的差异性，它可以吸收的辐射光也存在较大的差异性，而共振过程中所吸收的波长，也会和原子激发后光谱波长存在一致性，此时利用仪器对波长情况进行整理，从而获取到相应的光谱图，通过对光谱图内容进行分析，根据波峰、波谷等反馈情况，了解目标物中所含有的污染物种类，随后利用定量分析方法，确定此类污染物的具体含量。

（4）原子荧光光谱法

原子荧光光谱法是一种基于气态原子吸收辐射能量的技术，当它从基态跃迁到激发态，再回到基态时，会产生紫外到可见的荧光，这是一种通过测定荧光强度来对待测元素进行定性和定量分析的方法。对于锌、镉、镁等元素，原子荧光分析显示出极高的检测灵敏度。

（5）红外吸收光谱法

红外吸收光谱法是一种通过选择性地吸收物质对红外区域的辐射，从而对这些物质进行定性和定量分析的手段。利用这一原理，我们已经制造出了专门用于监测一氧化碳、二氧化碳和油类的仪器。

（6）分子荧光光谱法

分子荧光光谱法是一种基于物质分子在吸收紫外光和可见光后发出的荧光来进行定性和定量分析的技术。利用荧光强度的测量，我们能够对大量的微量有机和无机成分进行精确的量化分析。在进行环境分析时，主要针对的是高度致癌的物质，如苯并芘、硒、铵、油类以及沥青烟的检测。

2. 电化学分析方法

电化学分析方法依赖于物质的电化学特性，利用电极作为转换工具，将待测物质的浓度转换为电化学参数（如电导、电流、电位等），然后进行测量。

（1）电导分析法

电导分析法是通过测量溶液的电导（电阻）率来确定被测物质含量的方法，如水质监测中电导率的测定。

（2）电位分析法

电位分析法是一种将指示电极、参比电极和试液组合成化学电池的方法，通过测定电池的电动势（或指示电极电位），利用能斯特公式直接计算出待测物质的浓度（活）度。电位分析方法已经被广泛用于测定水质中的pH值、氟化物、氯化物、氨氮和溶解氧等成分。

（3）库仑分析法

库仑分析法是一种通过量化电解过程中所消耗的电量（即库仑数）来计算待测物质含量的分析手段。该方法适用于测量空气中的二氧化硫和氮氧化物，以及水质中的化学和生化需氧量。

（4）伏安和极谱法

伏安和极谱法利用微电极对待测物质的溶液进行电解，然后根据得到的电流-电压（或电极电位）极化曲线来确定物质的含量。该方法适用于测量水质中的铜、锌、镉、铅等重金属离子。

3. 色谱分析法

色谱分析法是一种用于分离和分析多组分混合物的技术。该方法是基于混合物在两个互不相容的相（即固定相和流动相）中的分配系数差异，通过利用混合物中各成分在这两个相中的溶解—挥发和吸附—脱附特性的不同，来实现有效的分离。

（1）气相色谱分析法

气相色谱分析法是一种以气体为流动相的色谱技术，在环境监测领域，它经常被用于分析苯、二甲苯、多氯联苯、多环芳烃、酚类、有机氯农药、有机磷农药等多种有机污染物。

（2）液相色谱分析法

液相色谱分析法是采用液体作为流动相的色谱法，可用于高沸点、难气化、热不稳定的物质的分析，如多环芳烃、农药、苯并芘等。

（3）离子色谱分析法

在执行环境监测任务时，离子色谱检测技术也是一种常用的检测手段。该技术的工作原理是利用专业仪器进行离子的交换和分离处理。常见的处理方法包括高效离子交换色谱、离子排斥色谱和离子对色谱。利用这些分离机制，可以有效地分离所需的离子内容，并通过光谱图进行内容整理，从而获得可靠的数据分析结果，并准确地识别污染物的种类和浓度。这项技术主要是从微观层面对污染物进行深入分析。离子色谱分析法在实际应用中，不仅可以检测氟离子、氯离子、溴离子和亚硝酸根离子等阴离子，还能对铵根离子、钠离子和钙离子等金属离子进行检测，显示出了出色的兼容性。

二、环境监测技术

（一）生物跟踪技术

在环境监测领域，生物追踪技术已逐渐被视为一种普遍的追踪方法。它的特点包括简单的操作、高精度、直观的跟踪以及相对较快的速度。当这项技术被运用在环境监测领域时，能够实现相当令人满意的监控成果。它融合了生物控制技术（主要涵盖微生物学、分析生物学和其他相关学科）与化学工程和计算机技术，形成了一种综合性的技术成果。利用这项技术，我们不仅可以获取更全面的环境监测信息，还能有效地进行潜在问题的早期预警，从而从根本上保障环境的健康和稳定性。

（二）3S 技术

3S 技术实际上是遥感技术（RS）、地理信息系统（GIS）和全球定位系统（GPS）的综合名称和集合。相较于其他的监测方法，3S 技术在实际操作中在收集、分析、处理以及应用环境监测数据上展现出了更为明显的优越性。它能够迅速获得关于监测环境的精确数据。

通常情况下，这项技术不仅适用于大气和土壤环境的监测，还能用于水资源的监控和管理。我们承诺在水资源管理中采用 3S 技术来收集所有与水质相关的数据，并基于这些数据进行水资源的基础调查，进一步对水资源进行环境评估，以获得更全面的水资源信息。总体而言，水资源的监测主要涵盖了以下几个关键领域：对水资源的监测评估、湿地的当前状态监测，以及对环境用水变动的分析监测。

除了上面提到的技术，3S 技术也可以应用于湿地的管理。因此，3S 技术的运用不仅能为一个国家的环境事务提供精确和全方位的数据，还能为环境管理活动带来更为科学和可信赖的信息支持。

（三）信息技术

随着科学技术的飞速进步，信息技术在我国的许多领域都得到了广泛应用，其中环境监测领域也不是例外。通过利用信息技术中独有的无线网络技术，我们能够迅速地将受控的环境数据传送到指定的数据中心，从而为用户提供更为精确的查询信息。相较于其他环境监测手段，信息技术显示出极高的适应能力，能够在较为恶劣的环境状况中进行有效监控。

除了这些，信息技术也能被用于水质管理操作。通过运用信息技术中特有的可编程逻辑控制器（PLC）技术，我们能够在最短的时间里获取到高质量水质的具体位置、当前状态以及用水量等基础信息。这些信息将为环境监测人员在实际操作中提供更为全面的水文数据，从而有助于他们在未来的环境管理工作中表现得更加出色。

第五节　环境监测在生态环境保护中的作用和发展措施

一、环境监测在生态环境保护工作中的作用

（一）环境监测可以增强环境保护工作的科学性

科技构成了社会进步的基石，而社会的向前发展与科技进步是分不开的。对于科学研究的顺利进行，环境监测扮演着至关重要的角色。在实际执行环境保护任务的过程中，环境监测利用其所提供的丰富的数据信息，不仅显著提高了环境保护工作的效率，也加强了环境保护工作的科学性。例如，在执行生物资源的监测任务时，通过环境监测为微生物研究部门提供必要的数据，有助于提高生物资源监测的效率。因此，有效地进行环境监测不仅能确保环境保护工作朝着科学的方向发展，还能在一定程度上推动社会进步。

（二）环境监测可以促进城市规划合理开展

环境因素与经济增长有着紧密的联系。在目前这个阶段，我国的经济增长需要与环境保护措施相结合，确保在环境保护的前提下进行。

在城市规划的制定过程中，我们必须确保它与城市的发展目标紧密相连，从而确保城市的持续发展并为经济建设提供支持。另外，在进行城市规划时，必须依据城市发展的具体状况，全面考虑城市经济增长的各项参数以及环境保护相关的数据，并据此建立一个城市环境监测数据库，以推动城市规划的合理实施。

二、环境监测在生态环境保护工作中的发展措施

（一）培养环境监测人才

由于环境监测工作涉及高度的专业和技术要求，因此对监测人员的专业技能有较高的期望。只有经过严格的评估，监测人员才能真正执行环境监测任务，并按照国家规定的监测分析方法进行操作。环境保护部门有责任定期为环境监测人员提供必要的培训，并推动他们参加其他监测机构的技术培训课程，以不断提高他们的专业技术水平。与此同时，我们应该鼓励相关的工作人员在执行环境监测任务时，确立正确的职业态度，科学地进行环境监测，并确保监测结果的准确性。

（二）提升环境监测技术

在执行环境监测任务时，监测技术的应用显得尤为重要。鉴于当前的环境条件相当复杂，环境监测工作在进行时对数据指标有着严格的要求。然而，使用人工环境监测技术会导致监测效率不高和监测精度不准确的问题，这进一步影响了环境监测的整体质量。

在目前的环境监测活动中，我们应当对环境监测的技术进行升级，通过

这种技术进步来提高环境监测的效率和准确性。在目前的环境监测任务中，可以从几个关键方面来提高环境监测的技术水平。

与环境管理和环境监测相关的部门应当为环境监测技术的投入提供足够的资金。在实际的环境监测技术升级过程中，这些部门应当投资于引进先进的环境监测设备和技术，以确保环境监测部门的优化工作更为高效，并在某种程度上提升环境监测的整体质量。

在提高环境监测技术的过程中，我们应当重视环境监测技术的研究与开发。环境监测部门有责任建立自己的技术部门，并通过这些技术部门的有效运作，以确保环境监测任务能够高效地进行，从而提高环境监测工作的执行效率。环境监测技术研究部门应当致力于环境监测技术的创新。在实际应用环境监测技术的过程中，应加强对环境监测技术研发的投入，以便开发出适应我国环境监测需求的新型技术设备和先进的监测技术。

在提高环境监测技术的过程中，我们还需要重视环境监测技术的实施制度规划，这包括技术的使用标准、技术设备的维护和管理制度等，以确保环境监测技术更为高效，并在最大程度上提高环境监测的质量。

（三）完善环境监测管理制度

执行环境监测任务在环境保护方面具有至关重要的影响，因此，在目前的环境保护实践中，对环境监测工作进行优化是至关重要的，这也将有助于提高环境管理的工作效率。因此，必须要重视环境监测工作的优化。在对环境监测工作进行优化的过程中，最关键的任务是改进环境监测的工作机制，通过这些机制的进一步完善，确保环境监测制度能够得到有效的提升。只有这样才能有效提高环境监测工作质量和水平。为了优化环境监测的工作制度，我们应该从以下几个关键领域开始努力。

第一，对环境监测的流程和制度进行了优化。目前，国内各个地区都已经建立起了相应的环境监测体系，并且对监测的方法以及指标等也有了进一步完善。我国拥有辽阔的国土和复杂的自然环境，这些因素都对具体的环境监测任务产生了影响。目前，国内大部分地区都存在着不同种类的环境监测制度，但由于各个地区的地理环境以及经济发展水平等方面的差异，使得每个地区所采用的环境监测制度也不尽相同。各个地区在进行环境监测时，如果采用相同的流程，这将在某种程度上对环境监测的成果和品质产生影响。因此，在具体的环境监测活动中，应当采用两种不同的环境监测制度：一种是由国家环境监测部门执行统一的环境监测标准流程，另一种是由地方区域根据自身环境状况灵活制定特定的环境监测流程，以确保环境监测工作更为高效。

第二，在建立环境监测制度时，我们应当确立相应的环境监测监管机制。通过完善相关法律法规来确保环境监测制度得到实施和落实。环境监测监督制度的建立旨在对环境监测活动进行高效的管理和监督，同时也旨在最大化地提高环境监测的效果，确保在执行环境监测任务时，不会出现如监测不准确、数据不准确或监测缺失等问题。

第三，在构建环境监测制度时，我们应当确立一个合适的环境监测责任体系。只有通过完善的环境监测制度才能有效提高环境检测水平，更好地为环境保护服务，为人们提供更加优质的生活环境。环境监测责任制度的建立旨在确保环境监测活动更为高效，进而推动环境监测任务的顺利进行。对于环境监测工作人员来说，应当提高其综合素质水平，加强对监测方法和手段的掌握。在实施环境监测责任制度的过程中，环境监测的技术人员、统计人员、设备管理人员等都应该做好自己的工作，确保环境监测工作能够合理地进行，尽可能地提高环境监测的效果和质量。

第四，当我们构建环境监测制度时，应当确立一个合适的环境监测管理体系。目前我国环境监测管理制度还存在一定问题，需要相关部门采取针对性措施进行完善，才能有效提高监测水平与质量。环境监测管理涵盖了多个方面，包括环境监测人员的管理、环境监测技术的管理、环境监测设备的管理以及环境监测资金的管理等。通过对这些管理工作内容进行合理的规划，可以确保环境监测工作能够更加高效地进行。

（四）建立健全环境监测预警系统

在进行实际的环境保护活动时，首要任务是识别出现环境问题的具体区域，对环境监测数据进行深入的分析，并据此制定相应的环境治理策略，以确保环境污染问题得到及时的解决。第二步就是做好环保监测预警工作，通过对相关监测数据和资料的整理以及分析来掌握环境污染程度，为后续污染治理提供科学指导依据。为了确保这一部分任务能够高效完成，有必要构建和完善环境监测预警系统。环境监测作为一项重要的环保措施，对我国社会发展具有非常积极的作用。与其他类型的工程建设相比，环境监测任务需要更高层次的技术水平。

为确保环境监测的精准性，我们必须在选择安装环境监测系统的地点时进行科学和合理的决策。此外，我们还需要构建一个健全的环境监测预警系统，这不仅可以提高环境监测的工作效率，还能确保监测结果的高质量，从而进一步增强监测数据的准确性。

（五）加大环境监测工作的资金投入

自从改革开放政策实施以后，伴随着我国经济的飞速增长和民众生活品质的显著提升，环境遭受的损害和污染问题也日益加剧。因此，加强环境保护是我国当前社会建设中非常重要的一个内容。为了能够迅速并有效地解决环境污染的问题，我们必须提升环境监测的工作品质，并增加对环境监测项目的资金支持。因此，需要不断增加资金投入，加强对环境监测设备的管理力度。从一个角度看，只要有充足的资金支持，我们就能利用先进的科技手段来升级环境监测设备，及时更换过时的设备，从而提升监测的质量和数据的真实性，进一步推动环境监测任务的高效进行。通过加强环境监测工作人员专业素质建设，提升他们的技术水平，为环境监测工作提供充足的人力支持，保证环境监测工作顺利开展。此外，我们还可以动用资金来持续推进环境监测技术的创新，确保监测设备在后期得到适当的维护和管理，以确保其能够持续稳定地工作，并避免资源的不必要浪费。另外，还要加强对监测人员的培训工作，培养出专业的人才，为我国环境监测站建设提供坚实的技术支持。从另一个角度看，国家需要加强对环境保护的宣传活动，鼓励社会的各个领域都积极地参与到环境保护中来，不断提高公众的环境保护意识，并确保环境监测工作的效率和准确性。

第三章　环境自动监测系统研究

第一节　环境自动监测系统的基本理论

一、地表水水质监测系统

（一）系统构成

水质自动监测系统是一个综合性的在线自动监测系统，由现代传感器、自动测量、自动控制、计算机等高新技术，以及相关的专用分析软件和通信网络组成。该系统对水体中污染物进行连续动态检测，并及时提供监测数据为环境管理部门提供决策依据，对保障人类健康和生态环境具有重要意义。水质自动监测系统的各个子站主要由以下六个子系统组成：监测站房、采样系统、水样预处理系统、在线自动分析仪器系统、系统控制以及数据采集和通信系统。在各个子站间可进行数据传输，并实现远程控制、信息查询、数据处理及图形显示。多个水质自动监测子站利用先进的传感器、自动化控制和计算机技术，与专门的分析软件和通信网络紧密结合，共同构建了一个水质自动监测系统。

（二）选址要求

水环境监测的质量很大程度上依赖于采样的位置和参数。随着环境问题越来越受到重视，国家对地表水监测提出更高的要求。因此，为了全方位和精确地了解地表水环境的质量状况，构建一个合理且具有代表性的地表水环境监测网络体系显得尤为关键。在我国北方水资源匮乏地区，由于缺乏先进的监测设备与技术手段，使得传统的人工监测数据存在一定误差，无法满足当前环境管理部门对水污染治理效果评价及预测分析的需要。随着水质自动监测技术的进步，它为流域的综合管理和水质的实时监测提供了坚实的科学支撑，同时也为环境保护部门在加强统一监督方面取得了更多的主动权。

1. 一般要求

监测断面的代表性应依据其功能来确定，以确保自动监测站收集的数据能够准确反映出需要监测的水体水质及其变化趋势。对于具有多种功能的监测断面，通常的标准是：应选择在平坦的河段进行监测，确保水质分布均匀且流速保持稳定；确保与上游的支流交汇点或排放口有足够的间隔，以维持水质的一致性，通常的监测断面与上游的入河口或排放口的距离至少应为 1 公里；对监测点位进行适当优化布置，使其尽量远离污染源，并与其它监测仪器保持一定的间距。在选择监测断面时，应优先考虑已有的常规监测断面，以确保监测数据的连贯性。

2. 功能断面的要求

为满足环保管理的需求，根据不同的功能断面，水质自动监测站点应被安置在背景断面、交接断面、出入河（湖）口、入海口以及控制断面。通过对各类水功能区划分及相应指标选择等方面进行分析研究，确定了主要污染物浓度监测点位及其布设原则。在设置各个功能断面时，应根据不同的标准和要求，以确保监测断面的水质能够充分反映实际情况。

（1）背景断面

在选择背景断面时，应优先考虑河流的主流或主要支流的上游部分，因为这些断面在很大程度上不会受到人为活动的干扰，并能真实地展现河流的水质状况；断面应沿水流方向排列整齐，并与河道轴线平行。断面的位置应该是在最上游的市或镇的上游，并且与市镇之间的距离不应超过 50 km。

（2）省界或市界断面

选择交界线下游的第一个市或镇的上游作为交界断面是合适的；在监测断面和交界线之间，不应设置明确的排放口，这样可以真实地展现上游到下游的水质变化情况。如果交界线的下游不满足建设站点的条件，可以选择在上游靠近交界线的位置，并且在监测断面和交界线之间没有设置排放口。

（3）入河、入湖、入海口断面

对于入河（湖、海）口的断面位置，最好选择在河流、湖泊或海洋的上游附近，但它基本上不会受到潮汐或回流的干扰。断面应该位于靠近入口的市或镇的下方，而不是在市或镇的上游位置；入河口断面应设于远离市区且河道内无污染源情况下。如果入海口的断面受到海洋潮汐的影响，必须确保水中的氯离子浓度满足仪器的标准要求，否则将无法满足建站的条件。

（4）国界断面

国界和出入境断面的水质代表性要求与断面一致，但只设置在国境以内；出入境断面与国境线间基本没有排污口。

（5）趋势断面

趋势断面的核心功能是对河流（或河段）、湖泊和水库的总体水质状况及其变化趋势进行评估。由于水质的空间尺度存在差异，不仅需要根据评估的水体空间范围来确定断面的水质代表性，还需要根据实际的可行点位来确定其空间代表性。目前常用的监测指标对不同区域具有明显的差异性，且难以进行连续动态对比研究，不能反映整个流域的总体状况。因此，在选择趋势断面时，应优先考虑评估河段、湖泊和水库的平均水平位置，同时避免选择典型的污染水域、回流区和死水区；同时还要考虑到河道内污染源分布情况及污染物负荷变化对监测结果的影响等因素。在断面的上游 1 000 m 和下游 200 m 位置，并没有设置排放口；对重点污染源应作较详细调查分析，并考虑与其他相关指标间相关性等因素。如果位于城市的近旁，那么建议在城市的上游设置对照断面，或者在下游设置消减断面。

（6）控制断面

控制断面是监视污染源对水体的影响的特殊断面，不作为评价水体整体水质的断面，故断面应设置在污水排放的影响区内，一般断面设置在排放口下游 100 m 左右，城市河流段设在原控制断面。

（三）监测因子

最初设计的水质自动检测设备，其监测参数相对较少，只涵盖了水温、pH、溶解氧、电导性和浊度等几个方面。后来发展到能够测定水中多种污染物，并根据检测结果判断水体污染程度和变化趋势。随着自动化监测技术的日益完善，目前的 COD、高锰酸盐指数、总有机碳（TOC）、氨氮、总氮、总磷、氟化物、氯化物硝酸盐、亚硝酸盐、氰化物、硫酸盐、磷酸盐、活性氯、总耗氧量（TOD）、生化耗氧量（BOD）、油类、酚、叶绿素、毒性、金属离子（例如，六价铬、砷、锌、镉、铜、汞、金属铅、锑、铁等）等多个项目都可以通过自动化监测系统进行实时监测。这些指标的监测数据可以及时反映出水体污染程度和变化趋势。自动传输技术极大地拓宽了水质自动监测的范围，为更全面地了解水质状况提供了极大的支持。

pH 是水体酸碱度的一个指标。在水体里，藻类植物的增长会对表面的 pH 值造成一定的影响，而在自然水体中，pH 通常介于 6 至 9 之间。

溶解氧是指在水环境中溶解的分子态氧的浓度。在一定范围内，随着温度升高或时间延长。这是一个用于评估水质的关键指数。它反映了水环境中微生物活性和代谢活动水平。在水体受到严重有机物污染的情况下，细菌能够分解这些有机污染物，导致水中的溶解氧水平下降，从而对水中的生物造成伤害。

电导率是用来衡量水体纯净度的指标。这反映了水体的导电特性，并间接反映了水中导电离子的浓度。

浊度描述：水中的泥土、细砂、微小的有机物、无机物、浮游生物以及其他悬浮物和胶状物质都可能导致水体变得混浊，从而产生特定的浊度。

化学需氧量是评估水体是否受到有机物污染的关键指数。

高锰酸盐指数是衡量地表水受到有机污染物污染程度的一个综合性指标。

总有机碳是一个综合指标，用碳的含量来表示水体中的有机物质总量。由于水中有机物质种类繁多，其浓度和组成也有较大差别，因此对水质的监测不能仅仅用一种方法来完成。TOC 的测量通常使用燃烧法，这种方法可以完全氧化水样中的有机物，因此可以直接表示有机物的总量。因此，它被视为一个评估水中有机物污染水平的关键参照标准。

氨氮：在水的环境中，它主要以游离的氨、氨气（NH_3）和铵根离子（NH_4^+）的形态出现，而氨氮的浓度是通过氨（N）的含量来衡量的。由于氮是水生生物赖以生存的重要营养物质之一，因此，水质污染往往引起水环境的恶化。生活废水、焦化和合成氨等行业产生的工业废水，以及农田中使用的肥料等，都可能对水中的氨氮含量造成一定的影响。

总氮是指在水体中所有的含氮化合物的整体数量。这是用来评估水域的营养状况和污染程度的工具。

总磷：这是一个用于描述水体中磷含量的指数。当水体中的总磷含量相对较高时，藻类植物的生长速度会加快，这可能会引发水华（也被称为赤潮）现象，从而破坏水体的平衡状态。

氟化物是评估水质的关键指标之一。

镉是一种具有高度毒性的物质，它可以通过损害肝脏和肾脏的功能来对人体健康产生不良影响，并可能导致癌症和畸形。

铅是一种重金属，能够通过对神经系统和造血系统的影响，给人体健康带来严重的危害。

砷：尽管元素砷的毒性极低，但化合物砷却具有极高的毒性，特别是三价砷化物。人体内蓄积超过一定浓度时，可导致急性或亚急性砷中毒。该物质有可能通过与消化道、皮肤或呼吸道的直接接触，在人体内潜藏，从而对人体造成慢性砷中毒和致癌等多种危害。

二、城市空气自动监测系统

（一）系统构成

环境空气质量的自动监测系统由监测子站的监测中心站和质量保证实验室共同组成。它采用先进的自动化控制技术、计算机技术和通信技术，将各监测点所取得的环境要素监测数据实时传输到环境质量管理部门，并在此基础上完成各类污染因子的综合评价分析与预警预报。空气环境监测子站的组成包括了采样系统、气体分析设备、校准系统、气象系统以及子站数据采集等多个部分。质量保证实验室主要完成各种质量管理规范制定以及相关标准物质定值工作，并负责各类大气样品分析结果的审核与评价工作。通过通信网络，子站收集的数据被传输到环境监测中心站，以便进行实时的控制、数据的管理和图表的创建，从而能够对该区域的空气进行全时段、持续和自动化的监控。该系统主要用于城市地区或工业区的环境污染问题的实时监控，同时也能作为污染源排放情况的检测手段之一。整个监测网由多个监测点组成，每个监测点都配备一个传感器和一台微型电子计算机。各个单元共同合作，对收集到的样本进行前期处理和分析，并在中央计算机的指导下，输出相关的监测数据。

（二）选址要求

1. 代表性

能客观反映一定空间范围内的环境空气质量水平和变化规律，客观评价区域、城市环境空气状况，分析污染源对环境空气质量造成的影响，为公众提供环境空气状况健康的指引。

2. 可比性

尽可能保持同类型监测点设置条件的一致，使各监测点间监测的数据具有可比性。

3. 整体性

应综合考虑城市自然地理、气象、工业布局、人口分布等因素，从整体上合理布局，协调各个监测点，在布局上反映城市主要功能区和主要大气污染源的空气质量现状及变化趋势。

4. 前瞻性

布设点位时，应结合城乡建设规划，确保在一定时期内能适应未来城乡空间格局的变化。

5. 稳定性

确定监测点位置后，如没有特殊情况，不得对点位位置进行更换，确保监测资料的连续性和可比性。

（三）城市空气自动监测系统监测因子

二氧化硫被认为是大气中的主要污染源之一。二氧化硫具有很强的毒性和致癌性，它与肺癌及心血管疾病有密切的关系，可引起哮喘等呼吸系统症状，还可致癌致畸胎。自然界中的含硫矿石分解、火山爆发、工厂排放的废气以及含硫燃料的燃烧过程都可能是二氧化硫生成的原因。当大气中的二氧化硫浓度超过 11.2 mg/m^3，它可能对人的健康带来轻微的危害；当浓度处于 22.4～67.2 mg/m^3 的范围内时，人体的感觉系统会受到明显的刺激；二氧化硫是一种强氧化剂，它不仅具有强烈刺激性气味，而且还可使皮肤变黑和引起皮肤癌变，因此必须严格控制其排放量。当浓度在 8 960～11 200 mg/m^3 范围内时，人们可能会经历溃疡、肺水肿，甚至可能因窒息而死亡。人体长期吸入过量的二氧化硫或含较多硫化合物的空气，可引起呼吸系统炎症和组织损伤，使支气管哮喘等慢性疾患增多。由于二氧化硫和大气中的烟尘之间的相互作用，它们可能导致更为严重的伤害。当大气中的二氧化硫浓度达到 4.704 mg/m^3，而烟尘浓度超过 0.3 mg/L，这会增加呼吸道疾病的风险，并迅速加剧慢性疾病患者的病情。

二氧化氮属于氮氧化物的一种，它是大气中的主要污染源之一。随着人们生活水平不断提高，机动车保有量迅速增长，汽车尾气成为大气污染的重要因素之一。在机动车和电厂排放废气进行高温燃烧的过程中，会生成大量的二氧化氮。二氧化氮是引起酸雨、光化学烟雾及温室效应气体的重要因素之一。由于其强烈的刺激和腐蚀特性，当其在空气中的浓度较高时，可能会对人的呼吸系统造成不良影响，可能导致迟发性肺水肿和成人呼吸困难综合症等症状。另外，二氧化氮还能引起光化学烟雾及酸雨，破坏了城市生态系统。此外，这也对植物、鱼类以及其他生物造成了不同程度的伤害。

细颗粒物（PM10），也被称作可吸入颗粒物，指的是那些在环境空气中的空气动力学当量直径不超过 10 μm 的微粒。它主要由燃煤过程中产生的二氧化硫和氮氧化物构成。其中一部分是由于烟囱和车辆等污染源的直接排放造成的，而另一部分则是由于环境空气中的硫氧化物、氮氧化物、挥发性有机化合物和其他化合物之间的相互作用造成的。由于它对人体健康有害，故被认为是最重要的大气污染物之一。由于它在环境空气中的存在时间较长，因此它的污染区域相当广泛。主要包括可吸入性细颗粒污染物和不溶性微颗粒物质两大类。由于地理位置和气候条件的差异，该物质的物理和化学属性表现出明显的不同。二氧化硫作为常见的污染物。对人的呼吸系统有着显著的影响，能够触发多种疾病，同时也会对环境造成阳光散射和降低大气能见度等负面效应。

由于一氧化碳具备无色、无味的特质，它极易成为导致人体窒息而死亡的危险因素。这种物质是大气中的主要污染源，无论是在不完全燃烧的含碳燃料、汽车排放、工厂排放还是人们吸烟的情况下，都有可能产生。

在漂白剂、除臭剂以及用于空气和饮用水的杀菌剂中，臭氧的应用相当广泛。它能有效地清除大气中的二氧化硫等污染物，同时也可用于杀菌消毒。在汽油和煤的燃烧过程中，氮氧化物气体（NO_x）和挥发性有机化合物（VOC）作为燃烧的副产品，在高温条件下与氧气发生反应，从而生成对空气造成污染的对流层臭氧。由于臭氧是一种强氧化剂，其灭菌消毒能力很强，因此被广泛应用于各种工业领域，如食品加工、医药生产等。臭氧是一种强烈的刺激性物质，如果吸入过多，可能会对人的健康带来某种程度的伤害。

细颗粒物是指在环境空气中，其空气动力学当量直径不超过 2.5 μm 的微粒。其主要来源于工业排放、机动车尾气等，也有一部分来自人类活动产生的气溶胶颗粒。它有能力在空气中悬浮相当长的一段时间。是大气污染物之一，对人体健康危害很大，因此引起了世界各国政府的高度重视。PM2.5 的起源可以分为人类来源和自然来源，其成分相当复杂。人类的主要来源包括化石燃料燃烧、汽车排放和工厂的尾气等，而自然来源则主要涵盖了土壤扬尘、海盐、植物花粉、孢子和细菌等。其中，大气颗粒物是造成大气污染最重要的因素之一。PM2.5 具有出色的穿透能力，它能在人体内渗透到细小的气管壁，从而干扰肺部的气体交换过程。另外，还可能通过皮肤接触吸入呼吸道并引起过敏反应。由于 PM2.5 的表面积相对较小，它容易吸附如有毒微生物和重金属等有害物质，这可能增加哮喘、肺癌和心血管疾病的风险，从而对人体的呼吸和心血管系统造成伤害。

三、污染源自动监测系统

所谓的污染源自动监测系统，是指在污染源现场设置的，用于监测污染物排放的各种仪器和仪表，包括流量（速）计、污染治理设备的运行记录仪和数据采集传输仪等，这些都是污染防治设施的重要组成部分。污染源自动监测站可对各种环境介质中的有毒有害气体进行实时连续监测，并将监测数据上传至中心局或环保主管部门。在我国，水污染源的自动监控系统和烟气污染源的在线监控系统得到了广泛的应用，而扬尘噪声的在线监控系统在某些特定地区也有少量的使用。

水污染源的自动监测设备通常包括采样设备、废水在线监测仪器、数据采集设备、数据传输设备、通信设备和终端接收设备等。这些设备包括化学需氧量在线自动监测仪、氨氮在线自动监测仪、总磷在线自动监测仪、总氮在线自动监测仪、DO 计、电导率仪、流量计和超标留样器等。

烟气排放连续监测系统（CEMS）主要由四个子系统组成，它们是数据处理子系统、颗粒物监测子系统、气态污染物监测子系统和烟气排放参数子系统。在排放烟气中，烟尘的含量主要是通过颗粒物监测子系统来监测的。其中，NO_x、SO_2、CO 等以气态存在的污染物的含量是由气态污染物监测子系统来监测的。而排放烟气的压力、温度、含氧量、湿度等参数则是由烟气排放参数监测子系统来监测的。同时，根据污染物排放量的技术要求和环保计量要求，将污染物的浓度计算成规定的过剩空气系数中和标准干烟气状态下的浓度。根据监测数据对污染控制设备进行性能评价，并在此基础上制定相应的控制策略。测量数据的收集、储存、统计和输出都是通过数据处理子系统来完成的，传输过程需要满足环保部门对格式稳定和实时传输的要求。

第二节　污染源自动监测系统的运用

一、污染源控制及应用背景

国家相关的环境管理机构主要是通过设定污染排放标准和限制污染物的排放来进行污染源的管理和控制。同时要求排污单位必须在其生产过程中严格履行环保设施和环境保护措施，并接受环保部门监督检查。对于超出标准或超过总排放量的排放，将根据相关条例对排放污染的企业施以经济惩罚。同时要求企业必须建立并执行环境保护管理制度和环保设施正常运行制度，保证污染物达标排放。通过对污染源的严格控制，迫使各企业加大污染治理力度，以实现真正有效的环境管理目标。

（一）污染源及其类型

污染源是指那些向环境释放有害物质或导致环境受到不良影响的地点、设备、装置或人体。凡是以不恰当的浓度、数量、速率、形式或路径进入环境并造成污染或损害的物质或能量，均被称为污染物。随着人类活动的增加，环境污染问题日益严重，成为全球性的重要公害之一。在社会和经济不断发展的背景下，自然资源的过度开发也对环境造成了巨大破坏。

关于污染源的分类，有多种准则。根据来源，可以将污染源分为自然污染源和人为污染源。自然污染源是指自然现象中释放有害物质或造成不良影响的事件，如火山喷发。人为污染源则指由于社会经济活动在特定区域内对环境质量产生显著影响的污染源，例如汽车尾气、工业废物、生活垃圾和废水排放等。

根据物质性质，污染源可分为无机物源、有机物源和水介质源三类。根据污染物的排放类型，还可以细分为有机、无机、热、噪声、放射性污染源及混合污染源。按对环境的影响程度，污染源可分为直接危害源和间接危害源。

从污染对象来看，可将污染源分为大气、水体和土壤三大类。依据人类的社会职能，还可以细分为工业、农业、交通运输和日常生活等类别。随着人口增长和经济发展，环境问题将愈发严峻，因此，控制污染源极为重要。

通常，污染源控制的定义是：基于对污染源的全面调查，利用技术、经济、法律等多种管理手段，对污染源进行持续监控和控制，以尽可能减少污染物的排放，从而实现环境污染的预防和环境质量的提升。

（二）污染源控制现状

为实现人与自然和谐共生，加强对污染源的管理成为当务之急。我们必须确保企业排放达标，预防污染事故发生，保障人类健康与安全，并减少环境污染带来的直接或间接经济损失。污染源控制技术是达成这一目标的关键手段。我国环保管理机构通过设定污染物排放标准、排放速率和排放量来实施污染源控制，其中排污许可证制度是行之有效的措施之一。环境监察机构负责现场执法与监督检查，而环境监测机构则在必要时进行现场采样与监测。

中国环境监测行业经历了从无到有的蓬勃发展，监测技术逐步现代化，专业人才队伍不断壮大，业务领域日益拓展，综合管理技术水平持续提升。国际合作与交流日益频繁，监测科研深度不断加深，环境管理服务效能也在持续增强。

然而，当前的环境监测系统仍难以完全适应复杂多变的环境状况。如何提高环境监测质量成为我们必须思考的问题。一方面，由于地区经济发展水平和城乡差异，环境监测存在显著差异。城市环境监测工作相对较好，而农村基础建设水平则相对较低。随着城市环保措施的加强，一些超标排放的小型企业开始向农村地区转移。同时，农村城市化进程的加快也导致工业和城市污染向农村转移的趋势日益明显。

为有效治理农村环境污染，提升农村居民生活环境和健康水平，我国在“十一五”规划中提出要加快农村环保工作步伐，并计划在全国范围内建立农村空气监测站网络。

除了城乡差距外，环保和环境监测面临的最大挑战可能在于管理结构和操作机制。体制缺陷和政策不完善导致许多地区环境恶化、资源浪费等环境危机。为应对这些环境问题，中国需要加强环境部门与其他相关部门的合作，加大环境法律执行力度，并完善环境监管体系。目前，这些方面仍存在诸多不足，如环保法规未得到充分实施，地方政府对环保工作积极性不高，以及环保部门与相关机构之间的合作机制尚未充分构建等。

（三）污染源自动监控的应用背景

城市和农村管理体制机制存在的问题，在某种程度上削弱了环保部门依赖现场环境监管的传统管理方式的效果。然而，借助信息技术手段实施污染源的自动监控，可以实现排污状况的在线实时监督，进而能够迅速、有效地识别问题并采取相应的环境管理措施。随着社会经济的不断发展，环境污染问题日趋严重，而环保执法力度相对不足，导致环境污染事故频发。因此，在现代管理模式的推动下，建立和实施污染源的自动监控系统已刻不容缓。

1. 污染源自动监控的意义

建设环境自动监控系统的意义深远，它回应了多方面的需求和挑战。以下是对其背景的详细阐述：

（1）时代的需求

随着中国经济和社会的持续快速发展，公众对优质环境的期望不断提高。这一变化使得环境保护工作面临着前所未有的压力和挑战。传统的环保部门监测手段和管理方法，由于其固有的局限性和低效性，已经无法满足当前环境保护工作的实际需求。因此，时代呼唤一种更加高效、精准的环境管理工具来应对这一挑战。

（2）先进技术的应用

改革开放以来，中国积极引进和消化吸收国外先进技术，其中环保监测网络建设是环境保护领域中应用最广泛、影响最深远的技术之一。环境监控系统作为一种集网络化、数字化、现代化和信息化于一体的新型环境管理工具，能够实现对环境质量和污染源的动态、实时监控。这不仅有助于迅速发现并打击环境违法行为，还能有效执行远程环境预警、紧急环境报警以及指挥调度等功能，从而预防污染事故的发生并确保环境安全。同时，该系统还能为环境管理中的污染物总量控制、排污费用收取以及生态补偿等提供及时、准确和全面的数据支持。

（3）国家行政管理的需要

通过对环境质量和污染源的实时监测，环境自动监控系统能够生成大量的环境信息数据。这些数据不仅有助于显著提升环境管理的效率，还能用于进行环境污染风险的预测预报，实现提前预警。此外，通过对监控数据的深入整理和分析，我们能够更全面地了解各区域、流域和行业的污染源结构、分布及其对环境的贡献情况，以及污染源与环境质量之间的内在联系。这为污染源的治理和污染物总量的控制提供了坚实的科学支撑。

（4）行政执法的需要

面对人口增长和经济飞速发展的双重压力，公众对环境保护的期望日益提高，环境管理任务愈发繁重和艰巨。然而，长期以来，环保部门一直面临着人手不足、资金紧张以及监管设备能力建设滞后等问题。与此同时，一些企业为了追求利益最大化，不惜铤而走险，擅自停运污染治理设施、隐瞒污染情况并进行非法排污。由于工矿企业分布广泛且分散，监管人员即使疲于奔命也难以对所有违法行为进行有效取证。因此，建设环境自动监控系统成为解决这一执法难题的迫切需求。

（5）公共管理提升的需要

传统的环境监测模式通常按月或按季进行采样和分析，这种方式获取的数据具有不连续性，难以真实、准确地反映排污企业的实际排放状况。因此，将这些数据作为排污费用计算、排放总量控制、环境影响评价以及环境监督执法等工作的依据显得力不从心。随着经济发展方式的转变和环保要求的提高，传统的环境监测模式已经越来越不适应当前形势的需求。为了有效解决企业非法排放和人工监测数据不全面等问题，迫切需要对企业的排污口进行标准化管理并安装自动化监测设备，实现与环保部门的网络连接和远程持续监控。这将大大加强各级环境管理人员的实时在线监控能力，提升公共管理的效率和水平。

2. 污染源自动监控与自动监控系统

污染源自动监控系统的诞生，是在我国经济快速发展、环境保护需求日益迫切的背景下应运而生的。这一系统不仅代表了环境保护技术的新进步，更在推进环境管理现代化、实现污染物排放总量控制等方面发挥着举足轻重的作用。

作为环境自动监测体系的重要组成部分，污染源自动监控系统利用先进的科技手段，对污染源进行连续、实时的监测和数据采集。这些数据通过通信网络及时传输到环保部门，为环境管理提供了有力支持。

环境自动监控是一个包含多个空间尺度的立体监控体系。其中，污染源自动监控作为微观和点源层面的监控手段，与宏观的生态卫星遥感、区域流域的环境质量自动监控共同构成了全方位、多层次的环境监控网络。这一网络体系的建立，旨在全面掌握环境动态信息，为政府决策提供科学依据，同时也为公众参与环境保护提供了技术支持。

污染源自动监测系统不仅具备环境监测功能，还融合了远程监控、污染警报处理等多种功能，形成了一个高效、全面的管理体系。该系统利用 GSM 全球移动通信技术、GPRS 无线网络等先进通信技术，实现了环保信息的实时采集、传输和管理。通过手机上网或短信平台，用户能够随时查询和管理所需区域的监测数据，极大地提高了环境管理的便捷性和时效性。

在污染源现场，智能数据采集器负责收集和处理各类监测仪器产生的数据，如化学需氧量（COD）、总有机碳（TOC）、流量、pH 值以及设备运行开关量等。这些数据通过 GPRS 模块无线传输至环保部门的监控中心，经过软件解析后存储在数据库中。监控中心可根据预设的报警条件对数据进行实时监控和报警处理，从而实现了对污染源的无人值守和远程管理。

此外，监控中心还具备远程控制功能。通过发送控制信号给智能数据采集器，监控中心能够实现对污染源现场设备的远程操控，包括调整设备运行状态、执行预设的控制动作等。这一功能进一步提升了环保部门对污染源的管理能力和应急响应速度。

二、自动监控系统的应用价值

污染源的自动监测系统构建了一个由部、省、市三级组成的纵向贯通、横向共享的环境保护物联网架构。该系统不仅推动了环境管理方法的创新，还提升了生态环境部及省、市级环保部门在信息化项目管理方面的能力，进而促进了环保产业的规模化发展和科技创新。在全面总结近年来全国各地环境污染治理成效的基础上，结合本省实际情况，我们提出了进一步推进全省环境保护综合整治三年行动、加速构建现代环境治理体系的对策措施。这标志着我们在建立具有中国特色的自动化和信息化环境监管体系方面迈出了关键步伐。相较于传统依赖主观感受的“废水看、废气闻、噪声听”方式，现今的环保工作已经取得了显著进步。环保基础能力建设与环保工作相互促进，形成了共同提升的良好局面。这为构建科学、完整、统一且国际领先的污染减排统计、监测和考核体系奠定了坚实基础，为实现污染减排目标提供了有力保障。此外，自动化监控系统的数据不仅可为环境保护部门提供管理参考，还适用于企业生产管理活动。随着环保信息化建设的持续推进，环境监测数据将成为环保部门的重要信息来源。环境保护部门的实际应用主要集中在以下几个领域：

（一）环境监察执法方面

在环境监察执法领域，自动化数据监控的应用与环境法律的执行并非一蹴而就。随着环境监测技术的不断进步，自动监测仪器逐渐从实验室研究走向实际应用。然而，初期自动监测设备因稳定性不足和数据误差较大，并未被环境执法人员直接用作超标证据进行处罚。相反，这些数据主要作为发现问题的线索，执法人员仍需前往现场进行实地调查和取证。因此，初期的监控数据在提升执法效率方面的作用有限。

随着环保标准的日益严格，环保部门对监测质量提出了更高要求，推动了自动监测仪器的更新换代。随着仪器设备的不断优化和测量精度的提升，环境保护部门开始将自动监控数据正式纳入工作体系。经过多年的发展，自动监测仪器已趋于成熟，相关的法律法规和方法也逐步完善，为使用自动监控数据作为执法依据奠定了坚实的法律基础。这一转变不仅提升了环境执法的效率和准确性，也为环境保护工作带来了新的突破。

（二）排污收费方面

排污收费作为关键的环境污染控制政策，基于“污染者支付”原则，通过经济杠杆促使污染者承担其社会责任，并激发其污染治理的积极性。由于地区和行业差异，排污费征收标准各异，因此需要建立科学的排污费测算体系。

传统的排污费计算方法主要有两种：一是基于企业排污申报的原材料

使用或产品产出，利用物料平衡法估算排污量；二是依赖人工监测的污染源数据，结合污染因子收费单价，来计算总排污费。然而，这两种方法均存在局限性。前者基于物料守恒，通过抽检原料污染元素含量并减去治理设施去除量来估算排放量，但抽检和经验值的运用可能导致误差。后者则通过化验分析确定污染物总量及分布，但取样和分析方法的准确性会影响结果。

此外，人工污染物监测（监督性监测）是环保部门的常规手段，通常季度进行一次，以此次结果代表整个季度排放情况。然而，以一次数据估算整季度排放量显然存在显著误差。

相比之下，在线监控数据通过连续性测定排放参数，能更客观、真实地反映污染源排放情况。这种方法不仅科学、合理，而且能更精确地计算排污费金额，为环保部门提供了更有效的管理手段。

（三）总量控制、总量减排方面

污染物的总量控制是为满足环境质量或功能需求，对污染物排放量设定的上限。这一总量通常受经济发展水平影响，在一定时期内保持相对稳定。针对 COD、SO_2、氨氮和氮氧化物等主要污染物，国家已实施全面的总量控制和减排措施。

近年来，随着环保工作的深入推进，特别是“十一五”期间重点流域水污染防治等行动的实施，污染物排放指标逐年下降。环境保护部发布的全国主要污染物减排报告显示，我国在污染减排方面已取得显著进展，减排手段得到全面提升，从而实质性增强了减排能力。

在总量控制和减排工作中，排污收费制度的不断完善促进了排污权交易机制的发展。目前，我国已建立较为完善的排污权有偿使用和交易制度体系。在此过程中，自动化监控数据在排放量计算中发挥了重要作用，为总量核算提供了有力支持。这一应用不仅提高了排放量计算的准确性和效率，也为环保部门制定更科学、合理的减排策略提供了重要依据。

（四）环境影响评价验收方面

环境影响评估的技术方法涵盖了环境容量、环境承载力分析以及累积影响评价等内容。这些方法可以通过利用污染源自动监控数据，来计算区域内的污染物排放总量，从而确定环境容量的剩余空间，为建设项目的启动提供必要的数据支撑。虽然污染源自动监控数据在环境影响评估中的应用仍处于探索和试验阶段，但生态环境部的环境影响评价与排放管理司在考虑某些大型项目时，已开始从污染源自动监控系统中收集相关数据。随着企业自动监控设备安装率的提高和数据准确性的不断提升，预计这些自动监控数据在环境影响评估中的应用范围将会逐步扩大。

（五）环境突发事件预测预警（预防污染事故）等工作方面

环境保护报警系统旨在实时监控企业的排污、污染控制设施以及其他监测设备。一旦检测到排污超标或治理设施停运等异常情况，系统的智能数据采集器会立即识别事件类型，并实时向监控中心发送警报信息。这有助于环境监管机构迅速纠正和制止企业的不当行为，从而有效预防污染事故的发生，显著降低经济损失和人员健康风险。

同时，在企业生产管理领域，自动监控系统的数据正发挥着越来越重要的作用。随着其应用范围的不断扩大，该系统不仅成为环保部门的监管利器，还扮演着企业污染控制中心的角色。以某化工企业为例，该企业采用了一种基于中控系统的污染源在线监测方法。该方法通过在企业内部建立中央控制系统，实时收集自动化监控现场设备的监测数据和污染控制设备的运行参数，并生成相应的趋势曲线。这不仅提升了污染控制设备的运行效率，还提高了管理质量。

中控系统能够实时监测污染源信息，并根据这些信息对环境进行有效管理。然而，并非所有企业都配备了中控系统。通常，环保部门会要求污水处理厂、热电厂、造纸业、印染行业、大型化工企业及大型水泥厂等高污染行业必须建立这样的系统。因此，中控系统被视为重点监管对象。在整体减排策略中，中控系统发挥着举足轻重的作用。总量核查专家常利用中控系统的数据和参数之间的逻辑关系，来评估污染控制设备的运行状况及污染物的实际排放情况。如果能将这些参数或数据建立数据库并进行统计分析，将能更有效地指导企业开展节能减排工作。例如，在热电厂中，脱硫设备的工作状态与生产负荷、二氧化硫进出口浓度、石灰浆液加入量以及 pH 等因素密切相关。通过中控系统，管理层可以精准调整加料量，确保排放稳定达标。

三、基于污染源自动控制的环保管理体制建设

（一）强化全民环保监控意识

环境监控的全民参与不仅是政府和企业的责任，更是每个人的义务。每个人都生活在特定的环境中，环境问题与每个人的生活息息相关。从环保角度来看，全民参与环境监控具有深远意义。当全体公民都参与到环境监测中时，一方面能更好地推进第三方运营的相关任务，另一方面也能充分利用民众的智慧和力量，共同投身到环境保护工作中。

随着我国经济发展进入新常态，环保问题越来越受到人们的关注。目前，已有众多民间团体和公益组织，包括一些由民间创建的非政府组织（NGO），在环保领域取得了显著进展。这些社会团体或公益机构在开展环保活动时，会主动将公众关注的信息及时传达给媒体和大众，让人们第一时间了解到相关的环保资讯。例如，湖南的民间环保机构“绿色潇湘”就通过微博、互联网等多种方式，持续发布关于河流、空气和土壤的质量监测数据，旨在让公众更好地了解所居住城市的环境状况，并激发更多人的环保意识。

在民间环保组织蓬勃发展的背景下，民众的环保意识逐渐觉醒，这也导致全国各地因环保问题而引发的集体冲突频繁发生。据《人民日报》报道，近年来我国一些地区发生的群体性事件表明，群众对污染问题已产生强烈的恐慌心理。这反映出人们对环境污染的恐惧，以及由此可能引发的破坏性力

量。随着环境问题日益严重，人们开始反思传统的经济增长模式，环保已不再是一个空洞的口号，而是现实的迫切需求。如何更好地满足公众的环保需求，并鼓励民间环保组织参与社会环保事务，已成为各级政府及相关部门面临的重要挑战。

值得注意的是，通过动员民间社会力量和重视第三方机构的支持，一些省份和城市已成功打破僵局，从中央到地方都形成了环保共识。这将有助于改变我国长期以来“重经济建设、轻环境保护”的观念和做法。然而，要真正推动全社会参与环保工作，除了地方政府的试验性先行措施外，还需要相关法律和法规的持续跟进。

我们必须明确认识到，当前大众对环境保护和理性维权的意识正在迅速增强。为所有人提供环境监测的机会，确保他们都能获取环境相关信息已成为一项紧迫任务。这意味着相关管理部门需要积极开展环境监测工作，鼓励民间团体和个人参与其中，建立多层次、全民参与的环境监测体系。同时，通过法律和法规进行规范和监控，确保民间环保信息发布的准确性。官方发布的环境监测数据在公众信赖度方面应成为民间监测信息的标杆。

（二）建立自动监控分级预警制度

以内蒙古的自动监控分级预警制度为例，该地区的监控管理工作通过分级预警机制得以有效实施。根据企业排污的严重程度，预警分为白色预警、黄色预警和红色预警三个级别。

首先，当废水和废气的监测数据出现缺失或传输不稳定时，系统会触发白色预警机制，提醒相关人员及时关注并处理数据异常问题。

其次，如果企业的废水连续超标排放时间不超过 6 小时，或者当天的平均排放浓度超标不超过 0.5 倍，将会发出黄色警告。同样地，如果企业的废气连续超标排放时间达到 3 小时，或者当天的平均排放浓度超标不超过 0.3 倍，也会触发黄色警告。黄色预警的发出，意味着企业需要立即采取措施进行整改，以避免污染状况的进一步恶化。

最后，如果企业的废水连续超标排放时间超过 6 小时，或者当天的平均排放浓度超标达到或超过 0.5 倍，那么将会启动红色警告机制。对于废气排放，如果连续超标时间超过 3 小时，或者当天的平均排放浓度超标达到或超过 0.3 倍，同样会触发红色警告。红色预警的启动意味着污染状况已经相当严重，企业需要立即停止排污行为，并配合相关部门进行紧急处理，以最大程度地减少对环境的损害。

通过这样的分级预警制度，可以及时发现并处理企业的排污问题，有效保护生态环境和公众健康。

第三节　城市道边空气质量自动监测系统

一、道边空气质量自动监测系统的发展背景

随着经济的飞速增长，人们物质生活极大丰富，生活品质不断提升，然而环境污染问题也日益凸显。全球气候变暖、臭氧层空洞、酸雨等现象已成为威胁人类生存环境的主要因素。环境污染对人类生活和社会进步产生巨大负面影响，各国都不同程度地面临这一挑战。特别是发展中国家，由于承接发达国家重污染产业转移，加之自身经济发展需求，环境污染问题尤为严重。我国作为全球最大的发展中国家，尽管已深刻认识到环境污染的紧迫性，并在推动经济发展的同时高度重视环境保护，采取了预防与治理措施，但环境污染问题依然严峻。

空气污染是环境污染的主要类别之一，且问题日益显著。随着城市人口增多和人类活动范围扩大，工业生产、日常生活燃烧煤炭以及交通运输工具排放的废气等不断污染空气。这些污染物不仅损害人体健康，引发呼吸系统疾病，还对道路旁植物生长构成威胁，导致叶子枯萎、脱落甚至死亡。此外，酸雨、温室效应和热岛效应等由大气污染物浓度过高引发的现象也对天气和

气候产生深远影响。

因此，对路边空气进行严格监控至关重要。然而，目前我国大部分城市的空气监测站主要位于建筑物顶部，无法有效监测周围空气的“清洁度”。同时，依赖环境监测车进行流动监测的方法也无法确保长期有效。此外，现有监测设备多为人工操作，不仅效率低下且存在安全隐患。更重要的是，这些监测数据并未及时向公众公开，难以满足公众对空气质量信息的迫切需求。因此，迅速建立道路旁空气质量自动检测系统成为当务之急。这一系统能够实时、准确地监测空气质量，为环境保护提供有力支持，同时保障公众健康。

二、道边空气质量自动监测系统的意义

道边空气质量自动监测系统是空气监测领域不可或缺的一环，与公众健康紧密相连。随着城市化进程的加速和人口的不断增长，道边空气污染问题愈发严重，对居民生活质量产生了深远影响。因此，建立实时的道边空气质量自动监测系统显得尤为重要。

该系统通过传感器和无线传输终端的高效配合，能够准确、迅速地收集道边空气质量信息，包括各类污染物的浓度数据等。对这些数据的深入分析，有助于我们全面了解道边空气质量的动态变化，从而及时采取针对性措施，有效控制污染，确保道路安全与畅通。

道边空气质量自动监测系统的实施意义主要体现在以下几方面：

首先，公开监测数据有助于提升公众对道边空气质量的了解。公众可以实时获取空气质量信息，这不仅保障了公众的知情权，还激发了大家参与环保的热情，共同为改善环境质量贡献力量。

其次，该系统为科学制定道边空气保护策略提供了有力支撑。基于详实的数据分析，我们能够更加精准地制定环保措施，优化资源配置，降低环保成本，实现环境保护与经济发展的双赢。

最后，该系统为政府部门提供了宝贵的数据资源，助力环境变化趋势的

分析与预测。政府可依据这些数据，有针对性地开展空气质量控制和污染防治工作，切实解决道边空气污染问题，推动城市环境的持续改善。

总之，道边空气质量自动监测系统具有显著的实际应用价值。其成功推广与应用，必将为社会带来深远的正面影响，促进人与环境的和谐共生。

三、城市道边空气质量自动监测系统的总体设计

（一）道边空气质量自动监测系统概括

1. 设计要求

尽管我国道边空气质量监测技术尚处初级阶段，且缺乏直接相关的技术规范文件，但可借鉴生态环境部发布的《环境空气质量自动监测技术规范》以及欧美等国的技术支持文件。基于此，道边空气质量自动监测系统应由监测子站和监控中心两部分构成。

监测子站的主要职责是对道边空气污染物和环境气象参数进行持续、自动的监测。这包括数据的采集、处理及存储，并将处理后的数据发送至监控中心。监测子站与监控中心之间的连接可通过有线或无线方式实现。监控中心则负责向监测子站发送指令，以控制其工作状态，并完成对各监测点位的实时在线检测。

在接收到各监测子站传送的数据后，监控中心会首先进行数据的识别和检验，以剔除不准确或错误的信息。随后，对确认无误的数据进行详细统计分析，并将其安全存储在数据库中。此外，监控中心还具备与所有监测点建立连接的能力，通过互联网或电话网络等方式，实时查看各监测点的环境状况，从而为管理者提供有力的决策依据。

监控中心还应配备远程诊断及报警功能，以确保系统的稳定运行。本设计采用模块化设计思想，不仅实现了上位机监控中心与各监测站之间的顺畅信息传递和参数设置，还提供了根据需求随时修改参数的便利。

该系统需具备良好的抗干扰性能，确保任何单个监测子站的故障都不会

影响到其他监测子站和监控中心的正常工作。同时，系统还应展现出优秀的可扩展性和环境适应性，以应对未来可能的升级和变化。

2. 监测项目

道路旁的空气污染主要源于机动车排放的废气，因此，道路旁的空气质量监测项目应重点关注机动车尾气中的污染成分。在实际应用过程中，一般通过人工采样或车载检测设备采集环境空气样品后，利用大气监测仪将数据传送至中心站，然后由中心站分析处理得出相关信息并做出相应预警。该道边空气质量自动监测系统主要负责对颗粒物、一氧化碳、臭氧、二氧化硫和二氧化氮等进行监测，同时也对道边环境中的各种气象参数，如温度、湿度、风速、风向和气压等进行持续监测。

在确定了监测项目之后，还需为每个监测项目制定相应的监测标准。在此过程中，要根据具体要求进行设置和调整，保证各项监测指标能够满足相应需求。我们参考了生态环境部发布的环境空气质量自动监测技术标准，并为道边空气质量自动监测系统的各个项目设定了具体的监测指标。

3. 监测子站选址

相较于传统的在建筑物顶部设置的大气监测站，道边空气监测子站是位于道路边上的。因此，如何选择监测子站的位置成为了道边空气质量自动监测系统设计中的一个关键要素。参考美国环保局发布的道边空气监测站技术支持文件，我们可以制定出一套有效的监测子站位置选择方案。

在决定监测子站的具体位置之前，首先需要明确要建立的监测子站数量，并确定某一特定地区的监测子站数量与该地区的总人口数量以及交通流量较大的路段数量之间的紧密关联。根据这个原则，书中给出了一个计算监测子站数量的简单公式。这两个变量与监测子站的数量呈正相关关系。当人口数量增加或交通繁忙的路段数量增多时，监测子站的数量也会随之增加。但在具体的设计过程中，我们应该综合考虑这两个变量来确定监测子站的数量。

在确定了监测子站的数量后，我们会选择监测子站的具体位置。首先，需要确定一系列可能的路段，而决定这些路段是否被选为候选的关键因素是这些路段的交通流量；接下来，我们会对可能的路段进行排序。根据交通需求与出行时间之间的关系来计算出每一条候选路段所需的车辆数，然后按照一定的规则对所有候选路段进行排序并选出最优方案。决定排名的关键标准包括：

年均每日交通流量是一个评估准则，它由路段（通常是两个方向，除非有特别规定）一年的总交通量除以一年的总天数得出，用于表示整条道路或某路段的交通流量。若某日有一定数量的车辆通过该道路时排放了某种污染物，这种污染物会随时间累积，并在一段时间内影响周边环境。年均每日交通流量可用于评估特定道路上的交通行为及可能产生的污染物排放情况。

车队混合数据展示了道路总交通流量中，不同种类车辆所占的比例，包括各类型车型在不同时间的行驶速度与行程比例，以及每种车型的平均每日燃油消耗量。此数据用于区分轻型车与重型车。在美国，卡车通常被视为轻型车进行统计；而在我国，则主要根据载重能力，同时辅以车辆长度和轴数，来区分轻型与重型车辆。由于车型差异，同一区域内相同车型使用时产生的污染可能有很大不同，例如重型卡车相较中型卡车会造成更严重的空气污染。因此，了解重型汽车的数量或其在交通流量中的占比至关重要，因为一辆重型汽车的尾气排放量明显超过一辆轻型汽车。

堵塞状况也是一个重要变量。一旦发生堵塞，车辆的运行环境会显著变化，尤其在车辆停止或启动时，相较于匀速行驶，每辆车的尾气排放量都会增加。若在某路段正常速度行驶一段时间后发现车辆堵塞，说明该路段存在严重的交通问题。交通拥堵程度通常通过交通拥堵指数来量化，该指数基于道路通行状况对拥堵程度进行数字化处理。当特定时间段内发生交通阻塞事件或事故时，可计算出该时间段的交通拥堵指数。在描述道路拥堵状况时，我们使用 0 到 10 的指标，指数越高表示道路越拥堵；0 代表道路流畅，10 则表示严重拥堵。在检测出所有可能出现交通阻塞的路段后，我们使用基于密度分布直方图的算法筛选出最易堵塞的路段作为备选位置。基于上述数据，我们对潜在路段进行排序，构建初步候选位置列表，并深入评估这些路段，以确定监测子站的确切位置。由于每个备选站点包含多个可能的路段，因此在计算出最优路径后，便能得出最佳监测子站的选择方案。在评估候选路段时，需考虑的关键因素包括道路设计、地形特点、路旁构造及气候条件等。在实际应用中，我们选择了交通状况较好的路段作为监测点，并建立了对应关系图。道路的规划设计会影响车辆尾气排放量及尾气在道路附近的扩散情况。

比如说，路基的倾斜度，道路上可能出现的斜坡、交叉路口、立交桥，或其他用于交通整合或分散的地点，这些因素都可能对驾驶员产生不利影响，尤其是对于大型载重车辆。特别是当汽车行驶在斜坡上时，会增加车辆的负重，进而使车辆在行进中排放更多的尾气。因此，通过合理调整道路结构，可以有效地控制汽车尾气排放量。此外，斜坡、交叉路口和合并车道的存在，也可能导致某些路段尾气排放量增加，这是因为这些地方容易发生交通堵塞，导致车辆频繁地停车、启动和加速。为了减少这些情况下产生的空气污染，必须综合考虑道路环境的复杂性及各种因素所带来的差异。

道路与其周边地形的相对位置，对污染物的扩散具有至关重要的作用。因此，在研究道路附近区域内污染物的分布情况时，必须考虑不同形状和大小的路面，以及它们所产生的空气动力学效应。道路的设计不仅会改变污染物的扩散模式，路边的建筑也可能影响路边的污染物浓度。在某些情况下，路侧区域比其他地区更易受到交通污染的影响。这些路边的建筑，如隔音墙、隔音屏障、植被等，都可能对道路上污染物的扩散产生影响。

气象条件，特别是风速、风向和温度，对污染物的传播也起着关键作用。在确定可能的监测位置时，必须充分考虑这些气象条件。目前，许多研究人员已经开始关注这些因素在选择最佳监测路径时可能产生的不同影响。例如，借助历史气象资料，我们可以确定在风的作用下，哪些位置更容易受到交通污染的直接影响。另外，还可通过分析天气变化来预测哪些区域可能面临更严重的污染风险。更具体地说，气象条件能为我们提供一些线索，帮助我们判断哪一侧的路段更易受到交通污染的冲击。

除了对上述关键因素进行评估之外，我们还需要对道边的安全设计、基础设施以及规划等辅助因素进行评价。接下来，我们将整合所有评估数据到候选位置的初步列表中，从而得到一个相对完整的候选位置概览。在这个列表中，我们将根据各种因素的影响程度，设定不同的权重，并通过综合计算来确定最佳的监测子站位置。

（二）系统整体结构与功能介绍

1. 系统设计

道边空气质量自动监测系统的主要功能是监测道边空气中的主要污染物和环境气象参数。该系统由监测子站、监控中心和无线数据通信链路三部分组成，其中监测子站与监控中心通过无线数据通信链路实现双向通信。监测子站设置在道路旁，利用气体传感器和气象参数传感器收集污染物和气象参数的相关数据。这些数据经过处理、存储后，会依据通信协议进行打包，并通过 GPRS 和 Internet 网络实时传输至监控中心。监控中心由上位机服务器、客户端及终端等组成。GPRS 无线通信网络负责在监控中心与监测子站间传输数据。具体而言，监测子站会利用 GPRS 模块将数据发送至无线 GPRS 网络，经由移动服务商转接至 Internet，最终通过适当的网络路径将数据传送至监控中心。监控中心根据需要对接收到的监测数据进行分类、统计和汇总，生成相应的报表，并对这些数据进行深入分析和整合后存储于数据库中。当监测数据超出设定阈值时，系统会发出报警信号并启动声光报警器。此外，通过 GPRS 无线通信网络，监控中心还能向监测子站发送指令，监测子站会解读并执行这些指令。

2. 监控中心结构和功能

监控中心由主机、上位机软件和数据库三部分构成。为提升系统稳定性，监控中心配置了两台主机，其中一台作为备用，以确保当主用主机出现故障时，整个系统仍能正常运转。在某水电站的安全评价中，我们将整个水库划分为多个子区域，并在每个子区域分别设立了一个监控中心。监控中心的主机通过专用服务器与 Internet 连接。同时，监控中心配备了多台监控计算机，每台计算机均安装了相应的应用程序，并具备一定的管理功能，可对监测数据进行实时分析处理。

上位机软件在监控中心中发挥着举足轻重的作用。其主要功能包括：确保监控中心与各个远程监测子站之间的数据双向流通，既能接收各监测子站的信息，也能向这些监测子站发送监控中心的指令；建立与监测数据库的连接，存储所有监测子站的污染物浓度和气象参数等信息；处理监测数据并生成报表，然后输出至计算机或打印机。此外，我们利用上位机软件设计了一个用户交互界面，该界面可实时展示各监测子站的空气质量数据。同时，这个人机交互界面还提供了查看监测子站的统计数据和历史记录等功能，使监测人员能够更全面地掌握每个监测子站的详尽信息。

3. 监测子站结构和功能

作为道边空气质量监测的基础设施，监测子站的设计和实施构成了系统开发的关键环节，其对数据进行实时处理的能力在很大程度上决定了整个系统性能的表现。目前市场上有多种监测仪器可用于道面空气中污染物浓度的在线实时测量。监测子站主要负责数据的收集、处理和上传，通常会选择使用嵌入式系统。由于采用了嵌入式技术，整个系统具有体积小、重量轻、功耗低等优点。监测子站的主要组成部分包括微处理器、数据收集模块、GPRS 数据传输模块、数据存储模块以及电源模块等。

数据收集模块主要由光声传感器、颗粒物传感器以及气象参数传感器组成。光声传感器用于测量污染气体的浓度，颗粒物传感器用于测定颗粒物的含量，而气象参数传感器则负责收集周围环境的气象数据，这些数据包括温度和湿度、气压以及风速和风向。数据采集模块连接至环境监测站点，并在监测数据超过设定值时启动报警功能。微处理器是监测子站的核心组件，它负责数据的收集和处理，并控制 GPRS 传输模块将数据发送到远程监控中心，同时还可接收来自监控中心的命令并执行相应操作。

监测子站的其他组件包括电源模块、扩展数据存储器和调试口，这些组件分别负责供电、存储监测数据和进行后期调试。GPRS 传输模块作为监测子站的关键组件，不仅负责将数据传输至 GPRS 网络，还能通过该网络接收监控中心发出的指令。

（三）道边空气质量自动监测系统涉及的关键技术

道边空气质量自动监测系统所涉及的相关关键技术有光声光谱技术和 GPRS 移动通信技术。

1. 光声光谱技术

光声光谱技术基于光声效应用于物质检测。其基本原理是利用激光对气体进行加热或冷却，通过探测气体中声波的变化来测量物质的浓度。著名科学家贝尔在 1880 年首次揭示了光声效应。光声效应是指在一个封闭的容器（即光声池）中，当调制的激光束照射到待测物体样本时，样本分子吸收光能增加其动能，分子之间发生碰撞产生热能。这种热能导致光声池内的介质经历周期性的热胀冷缩，产生与调制激光束频率一致的声波。光声光谱技术正是利用这一特性来分析和测定物质浓度，其核心在于通过声波信号的幅度来确定待测物质的浓度。

随着光声光谱技术的不断完善，其在检测微量气体方面应用越来越广泛，主要得益于其高度的检测灵敏度。当激光光源发出的光波照射待测样品时，样品会发出与待测物相同或相近频率的声波。不同气体分子因其独特的化学属性，只对某一特定波长的光具有较高强度的吸收能力，而对其他波长的光几乎没有吸收能力。通过激光器发出激光脉冲，经过透镜聚焦到样品表面，再将激光信号转换为电信号，由光电探测器采集数据，经数据处理后可以得到被测气体浓度。利用滤光片选择激光束的波长，确保激光束能被样品中的待测气体吸收，从而产生声波。通过测量声波强度，我们可以实现对待测气体的准确检测。

气体的光声信号生成是一个涉及复杂能量转化的过程，其目的是将气体的浓度最终转化为声音信号的输出。本研究探讨了激光对光声池中的气体光声效应的影响。当调制激光束照射到光声池时，由于吸收了特定波长的光子，光声池内的样本气体分子被激发；当激光进入光声腔时，样品气体分子受到激发光谱和荧光发射的强相干作用，使得光声池成为一个高压区域。当处于高能级的气体分子与处于低能级的气体分子发生碰撞时，通过无辐射弛豫机制，这些高能级分子会返回其原始状态。在这一过程中，碰撞产生热量，导致气体体积增大和光声池内气压上升，同时，由于热效应的影响，激光功率下降，在光声池内壁上产生了温度梯度，形成周期性波动，这是气体光声信号的主要特征。当激光束不再照射光声池时，气体的热量被转移到光声池壁等周围环境，导致气体体积缩小和光声池内气压降低，形成热声波。这种声压和温度随时间变化的现象被称为热声效应。在光声池中，气体会周期性地膨胀和收缩，产生与调制光频率匹配的热声波，这种声波可以通过声探测器检测。

光源、光声池以及声探测器的性能直接影响光声传感系统的整体表现。因此，在系统设计阶段，合理的选择和设计至关重要，以提升系统的灵敏度。相较于传统的气体检测技术，光声光谱技术在气体检测方面具有明显优势：它将气体分子对光的吸收转化为声音信号，并通过声探测器直接测量这些声音信号，从而提高系统的精度和稳定性；在光声池中，如果没有待测气体，就不会出现光声信号，从而避免了零点偏移；通过对光声光谱进行处理，可以确定样品中是否含有待测成分。由于不同气体分子具有各自独特的吸收光谱特性，因此可以在单一光声池中同时检测多种气体。

2. GPRS 移动通信技术

（1）GPRS 技术简介

GPRS 是“General Packet Radio Service”的缩写，意为通用分组无线服务。这是一种基于蜂窝网络的短消息服务协议。GPRS 标准产生于第二代移动通信技术向第三代移动通信技术过渡期间，因此通常被称为 2.5 代移动通信标准。该标准主要用于提供话音、数据和视频等多媒体服务。GPRS 代表了从 GSM 到 3G 的移动通信技术过渡，因为其在多个领域的显著优势，已被广泛应用于无线传输系统中。

GPRS 网络是在 GSM 网络基础上叠加构建的新型网络系统，充分利用了 GSM 网络中尚未使用的 TDMA 通道。这种无线网络具有组网灵活、投资少、建设周期短、维护方便以及可以提供多种业务等特点。在原有的 GSM 网络基础上，GPRS 网络新增了 GPRS 服务支持节点、GPRS 网关支持节点以及分组控制单元（PCU）等多个功能模块。同时，根据 GSM 标准，对基站的软硬件进行了必要的更新，以确保 GPRS 网络能够支持分组数据交换技术。这种无线网络能够有效节省网络资源并降低运营成本。

GPRS 网络与 GSM 网络在交换技术上有所不同，GPRS 使用分组交换技术。在数据传输之前，不需要为数据发送端和接收端之间建立专门的通信链路，而是根据特定的路由协议，选择合适的路径将数据从发送端传输到接收端，从而有效提高了通信信道的使用效率。由于采用分组交换作为数据传输载体，GPRS 降低了数据通信过程中的时延，保证了数据传输的实时性，减少误码率，从而提供高质量的数据业务。与使用电路交换技术的 GSM 网络相比，采用分组交换技术的 GPRS 网络表现出更优越的性能，这也是其得到广泛应用的原因。

（2）GPRS 的组网方式

在利用 GPRS 网络进行远程无线数据传输时，我们可以根据监测系统的具体需求和其自身特性，灵活选择不同的组网策略，以确保系统高效运行并降低系统成本。本书的作者提出了一种采用双向通信串口技术实现监测数据实时传输的解决方案。在该方案中，负责通信管理和连接的监测终端部分通常表示为数据终端单元（DTU）。DTU 终端与监控中心如何接入网络，是确定组网方式的关键因素。

DTU 终端能够通过 SIM 卡连接到中国移动互联网（CMNET）。在运营商的内部网络中，它提供了与用户进行数据通信、上网浏览等多种功能。SIM 卡提供的 IP 地址有两种类型：动态 IP 地址和固定 IP 地址。鉴于成本考虑，我们通常会选择使用动态 IP 地址的 SIM 卡，因为采用固定 IP 地址的 SIM 卡成本相对较高。这里的“1P 地址”显然是笔误，已更正为“IP 地址”。

监控中心主要有三种接入方式：GPRS 接入、Internet 接入和专线接入。GPRS 接入模式要求监控中心安装 GPRS 终端，并与一个固定的 IP 地址进行绑定，以确保所有数据能在 GPRS 网络内顺利传输。当监测区域内分布有多个监测点时，需要配置多个监控中心以实现多点数据的同步采集。对于专线接入，监控中心需要通过一对 2M 的接入点名称（APN）与中国移动的路由器建立专线连接，并进一步与移动公司的 GPRS 网络建立连接。此外，用户端的接入路由器也需要提供一个公共 IP 地址。然而，这种方式可能会导致大量的网络资源浪费。至于 Internet 接入方式，监控中心需要利用网络运营商提供的服务来与 Internet 网络建立连接，并向运营商提交公网固定 IP 地址的申请。一旦 DTU 终端获取到监控中心的 IP 地址，它们就可以直接使用该地址向监控中心发送数据。这种连接方式相对简单且具有较高的可靠性。尽管申请固定 IP 地址会产生一定的费用，但这种接入方式在实际应用中仍然较为常见。

第四章　生态系统类型及监测技术

第一节　生态系统的类型

一、森林生态系统

森林主要由乔木构成，具有特定的面积和密集度，是陆地生态系统的核心组成部分。森林与人类社会紧密相连，对改善生态环境、保护森林资源以及维护生态平衡发挥着至关重要的作用。在功能流的作用下，森林群落与周边环境共同形成了一个具有特定结构、功能及自我调节能力的自然综合体，即森林生态系统。该系统包含多种植物、动物和微生物，构成了一个庞大的生态体系。在所有陆地生态系统中，森林生态系统面积最为广泛，且最为关键。其物质循环和能量流动对全球变化具有显著的调节作用。

在特定的气候和土壤条件下，世界各地形成了多种不同的森林生态系统。我国地域辽阔，气候资源多样，因此各地区的森林生态系统在结构、功能和自我调控机制上也存在差异。基于不同的气候条件和相应的森林生态系统特征，我们可以将其分为热带雨林生态、常绿阔叶林生态、落叶阔叶林生态以及针叶林生态等几个主要类型。

至今，森林生态系统仍是地球上最为普遍的生态系统之一，也是陆地生态系统中最大的组成部分。在地球的自然生态体系中，森林占据着举足轻重的地位，是陆地生物圈三大物质生产部门之一。森林在空气净化、气候调节以及环境保护等多个方面都发挥着关键作用。然而，随着人口的持续增长，人类对自然资源的需求不断上升，导致全球环境恶化。森林资源作为生态环境的重要基础之一，正受到严重威胁。尽管森林生态系统的结构复杂且多样，但它们仍展现出一些共同的显著特点。

（一）森林生态系统的主要特征

1. 物种繁多、结构复杂

全球所有森林生态系统均维持着极高的生物多样性，成为世界上生物资源和基因库最丰富的地方。以热带雨林生态系统为例，其中就包含了大约200万至400万种不同的生物。因此，深入研究森林生态系统的特征及其功能，对于维护生态平衡具有重要意义。

与其他生态系统相比，森林生态系统更为复杂，包含多个不同层次，有些甚至达到7～8个层次。通常，它可以被划分为四个核心层次：乔木层、灌木层、草本层以及地面层。其中，以乔木为主体的植被类型又由若干垂直分布较宽的次一级群落构成。整个系统呈现出清晰的分层结构，各层与各群在纵向和横向上相互交织，展现了系统的高度复杂性。

在这片森林里，栖息着众多野生生物。例如，野猪、羊、牛、啮齿类动物以及各种昆虫和线虫等作为食物来源的生物；水鸟、家燕、麻雀、乌鸦、燕子等飞禽，以及野鸭、天鹅、灰鹤、白鹤、大雁、黑鹳、喜鹊等鸣禽和多种两栖动物。此外，还有包括田鼠、蝙蝠、各种鸟类、蛙类、蜘蛛以及捕食性昆虫在内的一级肉食动物；二级肉食动物则包括狼、狐、鼬以及蟾蜍等；而狮子、老虎、豹子、鹰和鹫则是凶猛的鸟类和野兽。这些生物中，有些种类还可作为肉食兼用。除此之外，森林中还存在着其他食物链和寄生生物等。这些生物都是在不同层次、不同种类的生态类型或生境条件下形成的特殊类群。因此，一个以林木为核心的森林生态系统，实际上是一个包含多种物种、多个层次和极其复杂的营养结构的复合系统。

2. 生态系统类型多样

森林生态系统广泛分布于世界各地。受气候和地形地貌的共同影响，森林植被展现出显著的纬向和山地垂直分布特征，使其成为生态系统中物种多样性最为丰富的部分。

以我国的云南省为例，从南到北，我们可以观察到热带北缘雨林带、季节雨林带、南亚热带季风常绿阔叶林带、思茅松林带、中亚热带和北亚热带半湿性常绿阔叶林带、云南松林带以及寒温性针叶林带等多种不同的林带。这些森林植物群落由众多植物种类组成，它们之间相互关联，共同构建了一个错综复杂的生态系统。在各种森林植被带中，均存在特定的山地森林垂直分布区。

森林生态系统包含多种类型，形成了多样且独特的生态环境。高大的乔木拥有宽广的树冠，有助于维持温度的稳定，且温度变化过程较为缓慢。高大灌木或小枝上密布的小洞增强了林木的通风性，减少了水分蒸发，从而改善了林地空气湿度和气温状况，降低了病虫害的发生概率。树冠密集区域内，如树干的洞穴和树根的隧道等，为动物提供了理想的栖息和避难所。这些特殊生境使得森林成为众多生物，尤其是鸟类赖以生存的关键基地。众多鸟类选择在森林中筑巢，而森林的生态环境则为它们提供了理想的育雏和繁殖条件。森林不仅为人类提供木材及林副产品，还以多种方式带来经济效益。同时，森林生态系统拥有丰富的生物多样性，包括各种种子、果实、花粉和枝叶等，这些都是林区哺乳动物和昆虫的重要食物来源。事实上，地球上大多数种类繁多的野生动物都依赖森林进行生存和繁衍。

3. 生态系统的稳定性高

森林生态系统历经漫长的发展之路，孕育出繁多的物种种类和复杂的群落结构。各种生物群落与其所处环境和谐共生，经过长期进化，形成了多样化、层次化的植被。在这个生态群落中，各组成部分与周围环境相互依存、相互制约，共同维系着系统的稳定性。此外，该群落还展现出高度的自我调节能力，能够自主调整和维护系统的稳定结构与功能，同时保持系统结构的复杂性和生物量的丰富性。

森林是陆地上至关重要的生物地球化学循环中心之一。在森林生态系统中，能量、物质和物种的流通路径畅通无阻，使得系统的生产能力得以最大化利用，对外部环境的依赖性降至最低。这确保了输入、储存和输出等生态活动的正常运转。森林植物作为整个森林生态系统的主体，从生长环境中汲取必要的营养成分。其中一部分储存于体内以供新陈代谢之需，另一部分则转化为枯枝落叶，将累积的营养物质回馈给自然环境。同时，土壤养分的不足又可由林冠层部分营养供应来补充，从而实现了整个系统的良性循环。经过这样的循环过程，森林生态系统中的大部分营养成分达到了收支平衡。

4. 生产力高、现存量大，对环境影响大

森林拥有庞大的树冠层，它宛如一道天然屏障，悬浮于森林之上，有效地减缓了空气流动和气候变化的影响。这使得森林生态系统成为地球上生产能力最强、资源存量最丰富的生态体系。森林具备调节气候、保护土壤、净化大气和减少噪声等多重功能，因此对人类的生存和发展具有深远影响。

在全球生态系统中，森林扮演着举足轻重的角色。它是保护生物多样性的关键场所，能有效吸收大量二氧化碳，同时被视为珍贵的经济资产。在抵御风沙、保护水土以及抗击水旱和风灾等方面，森林发挥着至关重要的生态作用。作为陆地上最大的碳库和温室气体减排源，森林对全球气候变化产生着巨大影响，并将持续发挥其不可替代的作用。在为生态系统提供服务的过程中，森林所扮演的角色是无可替代的。

（二）森林生态系统的主要类型

1. 热带雨林

热带雨林主要分布在赤道及其南北两侧的湿润热带地区。由于它具有独特的气候环境和丰富多样的生物种类，因而成为全球变化研究的重要焦点之一。根据估算，热带雨林的面积接近 1.7 × 107 km^2，大约是地球上现有森林面积的一半，是目前地球上面积最大、对人类生存环境影响最大的森林生态系统。热带雨林不仅具有重要的生态意义，还是一种宝贵的经济资源和旅游资源。热带雨林的分布主要集中在三大区域：首先是南美洲的亚马逊盆地，其次是位于非洲的刚果盆地，三是东南亚的中南半岛、中国大陆沿海岛屿以及印度的马米西亚地区。

热带雨林的生态系统以高温、多雨和高湿为主要气候特点，属于赤道气候类型。该区域植被覆盖度高，土壤含水量大，植物生长极为旺盛。年均温度范围维持在 20～28 ℃，月均温度普遍超过 20 ℃。年降水量在 2 000～4 500 mm 范围内，某些地区甚至可达 10 000 mm，且降水分布相对均匀。此外，该区域相对湿度常年保持在 90%以上，终年雾气缭绕。

热带雨林生物种类繁多，其中主要为木本植物，构成了相当复杂的生态结构。这些植物展现出高度的耐旱性和极强的耐阴性，即便在干旱或半干旱环境中也能生长良好。正因如此，热带雨林成为世界上受威胁最大的植被类型之一。作为地球上生物多样性最丰富的区域，热带雨林为昆虫、两栖动物、爬行动物等对温度变化敏感的生物提供了理想的生态环境。其内部植物与动物之间存在着密集的能量交换，这些能量以各种形式在生态系统中再分配。热带雨林的生态系统里，能量和物质的流动极为迅速，但同时，呼吸作用带来的消耗也相当巨大。热带雨林在调节大气温度和维持生态平衡方面发挥着至关重要的作用。全球范围内，热带雨林的净生产量高达惊人的 34×10^9 t/a，使其成为陆地生态系统中生产力最强的类型。

热带雨林不仅生物多样性丰富，还蕴藏着众多珍稀木材资源、热带经济植物、药材和水果资源，同时更是大量稀有动物的栖息地。这些宝贵而特殊的自然资源使热带雨林成为一个备受瞩目的领域。它不仅带来巨大的经济效益和社会效益，更蕴含着不可估量的生态效益。尽管热带雨林仅占全球总面积的 7%，但其生物种类却超过全球的一半。此外，热带雨林地区还是自然现象最为复杂、生态系统最为多样的地带之一。在这里，昆虫种类多达惊人的 300 万种，占所有昆虫种类的 90%以上；鸟类则占全球鸟类总数的 60%以上。这些动物绝大多数都栖息于雨林之中，使得热带雨林对人类社会和环境的影响尤为深远。然而，目前热带雨林正面临着资源严重破坏和森林面积持续缩减的严峻挑战。

2. 亚热带常绿阔叶林

亚热带常绿阔叶林是位于亚热带湿润气候区的森林生态系统，主要由壳斗科、樟科、山茶科、木兰科等常绿阔叶树种组成。这种森林是亚热带大陆东岸湿润季风气候的产物，主要分布在北纬 22°～40° 的欧亚大陆东岸，包括亚洲中部和东部以及南太平洋西岸的一些国家和地区。此外，在非洲东南部、美国东南部以及大西洋的加那利群岛也有少量分布。其中，我国的常绿阔叶林被视为地球上面积最大、生长状况最佳的区域。中国的亚热带常绿阔叶林不仅具有显著的生态价值，还蕴含着丰富的经济价值。

在常绿阔叶林地区，夏季炎热多雨，冬季则寒冷少雨。春秋季节气候宜人，四季分明，年均温度保持在 16～18 ℃，年降水量在 1 000～1 500 mm 范围内。该地区的土壤类型多样，包括红壤、黄壤和黄棕壤等。

与热带雨林相比，常绿阔叶林的结构相对简单。其林冠层平滑，乔木通常只有 1～2 层，高度约 20 m。林下层覆盖着较厚且密集的腐殖质和疏松的土壤。灌木层相对稀疏，而草本层则主要由蕨类植物构成。不同森林类型的群落中，物种的数量和种类也各有差异。虽然滕本植物和附生植物在常绿阔叶林中较为常见，但它们的繁茂程度不及热带雨林。针阔混交林中，各种植被交织生长，共同营造了一个良好的生态环境。

常绿阔叶林是木材资源的重要来源，其中蕴藏着许多珍贵、速生和高产的树种。例如，北美的红杉和桉树就是其中的佼佼者。而在我国，樟木、楠木和杉木等优质木材资源也享誉盛名。此外，该区域还生长着银杉、珙桐、桫椤、小黄花茶、红框、蚬木、金钱松和银杏等多种珍稀濒危保护植物。

在亚热带常绿阔叶林中，动物种类繁多，包括两栖动物、蛇类、昆虫、野雉以及各种鸟类等，它们构成了这里的主要生物群落。然而，由于人类活动的频繁和森林的严重破坏，野生动物的数量已急剧减少。在我国的亚热带森林区域，存在着许多受特别保护的珍稀动物，如蜂猴、豹、金丝猴、短尾猴、红面猴、白头叶猴、水鹿、华南虎、梅花鹿、大熊猫以及各类珍稀候鸟。长期以来的过度采伐和人为干扰已导致许多森林生态系统严重退化，并伴随着生物多样性的丧失。经过连续的破坏，常绿阔叶林已逐渐退化为主要由木荷、苦槠、青冈栎等树种组成的次生常绿阔叶林或针叶林；在恢复过程中，也可能形成灌丛和草坡。若再次遭受严重破坏，它将进一步退化为灌木地带；持续的破坏则可能使其逐渐演变为草原，甚至导致整个植物群落的消失。

我国的常绿阔叶林区对于中华民族的经济和文化发展具有举足轻重的地位。平原和低丘地区已被广泛开垦为以水稻种植为主的农田，成为我国的核心粮食产区，而原生常绿阔叶林则主要残存于山地之中。

3. 温带落叶阔叶林

落叶阔叶林，亦称夏绿林，主要分布于西欧、中欧、东亚及北美东部的中纬度湿润地区。在我国，它长期存在于东北和华北地区。然而，落叶阔叶混交林实际上是由多种落叶阔叶树种所构成，而非常绿阔叶树种。温带落叶林的气候特征为明显的季节性：冬季寒冷，夏季则温暖湿润。此处的年平均气温维持在 8～14 ℃，年降水量在 500～1 000 mm，土壤肥沃且生长条件良好，主要由褐色土和棕色森林土组成。受季风气候影响，该区域形成了多种类型的针阔混交林。

落叶阔叶林展现出清晰的垂直结构，包含 1～2 个乔木层，以及分别由灌木和草本植物组成的层次。其中，落叶乔木占据主导地位，而栎类、山核桃、白蜡树以及槭树科、桦木科和杨柳科的树种则较为常见。乔木层的种类相对单一，高度通常在 15～20 m。灌木层虽然密集，但阳光仍能穿透其中，使得草本植物、蕨类、地衣和苔藓等得以茂盛生长。

由于人类活动的强烈干扰，自然植被遭到破坏，形成了以乔木、灌木和草本植物为主的复合群落，导致生物多样性显著降低。在密集管理的温带森林中，动物的多样性也相对较低。尽管种植了一些生长迅速且对人类需求大的非天然针叶树，但它们并不能为适应自然落叶林的动物提供充足的食物和适宜的生存环境。

频繁的人为活动已导致许多物种灭绝或濒临灭绝，例如松属、杉属、桦属和冷杉属的一些成员。在受干扰较少的落叶阔叶林中，主要的动物消费者包括松鼠、鹿、狐狸、狼、獐以及各种鸟类。而在我国，受特别保护的野生动物有褐马鸡、猕猴、麝、金钱豹、羚羊、白唇鹿和野骆驼等，此外还包括天鹅和鹤等珍稀鸟类。

横跨北欧的温带森林正面临由工业污染引发的酸雨威胁。这些酸雨主要来源于采矿活动和煤炭燃烧所排放的废气。森林作业中的全面砍伐会导致土壤裸露，进而加剧土壤侵蚀和水分流失。目前，许多国家都在积极开展水土保持工作以应对这一问题。在我国黄河中游地区，由于历史上长期破坏原始植被，该地区已成为我国水土流失最严重的区域之一，导致黄河的含沙量在全球河流中位居前列。尽管黄土高原拥有丰富的土壤资源，但近年来也受到了工业污染源的严重破坏。在我国西北、华北以及东北的西部地区，历史上的森林破坏更是导致了广袤的沙漠和戈壁的形成。

4. 北方针叶林

北方的针叶林主要分布在北纬 45°～70° 的欧亚大陆和北美大陆北部，并向南延伸至高海拔地区。然而，它并不包括寒温带森林、亚热带森林及热带稀树草原三种类型，而是特指由针叶树为主的森林。在中国，这类森林主要集中在大兴安岭以及华北、西北和西南的高山地区。其形成不仅与纬度有关，还受到地形因素的显著影响。该区域的气候特征为冬季漫长、气温低、降雨稀少，而夏季则相对凉爽且雨量较多。年均气温通常低于 0 ℃，年降水量为 400～500 mm。土壤以灰化土为主，这种土壤呈酸性并富含腐殖质。由于低温条件下微生物活动减弱，因此地面上积累了厚厚的枯枝落叶层。

在北方的针叶林中，树木种类相对较少。寒冷的气候条件使得一些树木因积雪压断而失去水分供应。这里主要是由针叶树种如云杉、冷杉、落叶松和松等构成的单一森林，树木高度大约 20 m。林中可能伴有少量阔叶树种，如杨和桦木，同时生长着稀疏的耐阴灌木以及适应冷湿环境的草本植物和苔藓植物组成的地被层。为了适应雪害，许多针叶树呈现出圆锥形，以减少雪对树冠的压力。这类树木的低蒸发和蒸腾速率以及叶片的抗冻性，使它们在冬季能够保持叶片不掉落。

北方针叶林是众多草食性哺乳动物的家园，包括驼鹿、鼠类、雪兔和松鼠等。此外，还生活着珍贵的皮毛动物如貂、虎和熊，以及肉食性动物如狼。然而，由于过度狩猎，这些动物已几近灭绝，现仅存少数孤立种群。同时，林中还栖息着许多小型兽类如麝、黄喉水鸡、白颈长尾雉、大鲵等野生动物，它们在生态系统中扮演着特殊角色。针叶林也是众多候鸟的栖息地，特别是以种子为食的鸟类如鸣禽和鸫属。因此，北方针叶林被视为天然的物种基因库，为濒危野生动物提供了重要的栖息地和食物来源。

此外，北方针叶林的有序布局为木材采伐提供了便利，使其作为木材资源具有巨大价值。针叶林不仅为人们提供丰富的食物和能源，还在全球经济发展中发挥着举足轻重的作用。事实上，全球工业木材总产量中超过一半来源于针叶林。

草地生态系统，与森林一样，是地球上关键的陆地生态系统之一。它由天然草场和人工改良牧场组成。在这个生态系统中，多年生草本植物占据主导地位，这里辽阔无际，鲜有森林。其原始生态环境常常有各种擅长挖掘洞穴或快速奔跑的草食性动物栖息。然而，随着社会经济活动加剧和人口迅速增长，大量天然草场遭到破坏，退化为耕地。

草原可以分为两个主要类别：草原和草甸。草原包括荒漠草原、干旱半干旱区草原以及高原山地草原。荒漠草原主要由具有耐旱特性的多年生植物构成，占据特定的生物气候区域；而草甸则是一种具有季节性变化的土壤植被类型，主要由喜欢湿润环境的中生草本植物组成。这些植物可能出现在如河漫滩这样的低湿地，或森林中的空地，也可能是森林破坏后的次生种类，分布在各种生物气候区域。

草原的形成与内陆地区干旱至半湿润的气候条件密切相关，其中旱生的多年生禾草占据主导地位，而多年生杂草和半灌木也起到一定作用。值得注意的是，我国草原面积位列世界前茅。全球草原面积大约是 2.4×10^7 km^2，占陆地总面积的约 1/6，其中大部分被用作天然牧场。草原因其巨大的生产潜力而在全球范围内具有极高的利用价值。因此，草原不仅是全球陆地生态系统的重要组成部分，也是人类畜牧业的关键基地。我国草原面积广大，排名全球第四。

根据草原的种类和地理分布，可以将其划分为温带草原和热带草原。温带草原主要分布在北半球中高纬度地区，如欧亚大陆、北美大陆以及南美的某些地区。而我国北方的草原主要属于这一类，夏季气温适中，冬季寒冷，春秋季节常出现干旱。由于气温较低且降雨稀少，草本植物高度通常不超过 1 米，主要是耐寒的旱生禾草；地下部分则以耐旱的盐碱植物为主。这种气候条件下，土壤主要经历钙化和生草化过程。

另一方面，热带草原主要分布在热带和亚热带地区，其特征是高大禾草（通常高度为 2～3 m）的环境中，散落着一些低矮的乔木，因此也被称为稀树草原或萨王纳。这种草原常位于热带雨林或次生林边缘，生长着多种常绿和落叶阔叶植物，如黄檀、青冈等，具有很高的经济价值。这里四季温暖，年降雨量常超过 1 000 mm。在高温多雨条件下，土壤经历强烈的淋溶作用，特别是砖红壤化过程，导致土壤相对贫瘠。然而，这种环境有利于植物生长和牧草繁殖，使之成为我国南方重要的草地资源。尽管如此，每年仍有 1～2 个干旱时期，加之频发的野火，限制了森林的形成。

当我们观察全球的草原，尽管它们从温带延伸至热带，但在气候特征上，它们保持着相对稳定的位置，并与其他生态系统存在独特关联。全球气候变化导致不同纬度和地带的草场发生变化，从而形成显著差异。在寒冷气候区域，年均降雨量在 150～200 mm 的地方，草原广泛分布；然而，在热带地区，只有荒漠分布在这种雨量条件下。因此，草原可根据气候带进行划分。水分和热量的组合状态是决定草原分布的关键因素，低温少雨与高温多雨的组合产生类似的生物学效应。我国北方大部分草原属于亚热带或暖温带干旱气候类型。简而言之，草原位于湿润森林区和干旱荒漠区之间。远离森林一侧，降水增加，气温降低，植被稀少，但土壤肥沃，牧草生长良好。

靠近森林的地方，气候偏向半湿润，草地茂盛，种类繁多，常见岛状森林和灌木丛，如北美的高草草原、南美的潘帕斯草原、欧亚大陆的草甸草原和非洲的高稀树草原。靠近荒漠的区域，由于降雨量减少和气候干燥，草群矮小稀疏，种类简单。此外，这里常生长旱生小半灌木或肉质植物，如北美的矮草草原、我国的荒漠草原以及前苏联欧洲部分的半荒漠等。远离沙漠一侧，干燥少雨，牧草生长旺盛，种类繁多，包括许多多年生和一年生草本植物。位于上述两区域之间的是广阔且具代表性的禾草草原。此外，还有一种特殊类型——沙漠地植被，包含所有这些草地的主要成分。

从宏观角度看，受水分条件限制，草原的动物种群丰富度和生物量低于森林，但明显高于荒漠。这表明草原动物对干旱环境有一定适应能力，并可能构成新的生态系统类型。值得强调的是，与森林和荒漠相比，草原上的动植物种类数量以及在较小单位面积内的种类饱和度都更为丰富。

二、河流生态系统

河流生态系统指的是水流速度快、流动性强的江河、小溪和水渠等，其储水量约占内陆水体总水量的 0.5%。在我国，受自然条件限制，大部分地区水资源匮乏，因此河流的利用愈发受到人们的重视。河流生态系统是流水生态系统的一个分支。在我国北方的一些干旱半干旱地区，由于气候干燥寒冷、降水稀少且分布不均，形成了相对封闭但具有一定规模的自然水系，即流水系统。流水生态系统具有几个显著特性。

（一）水流不停

这是流水生态系统的基本特征。在河流中，不同部分以及不同时间的水流存在显著的差异。同时，河流的各个部分（如上游、下游等）也分布着不同的生物群落。

（二）陆—水交换

河流与其周边陆地之间的连接比例相当高，这体现了河流与其周边陆地之间紧密的联系。因此，在自然界中，许多生物选择生活在特定的水域内。河流和溪涧等水体构成了一个相对开放的生态环境，它们不仅为生物提供了栖息地，还作为陆地与海洋生态系统之间的重要连接纽带，促进了不同生态系统间的物质循环和能量流动。

（三）氧气丰富

由于水的流动特性、河流的较浅深度以及与空气的广泛接触，河流中往往富含大量的氧气。这些氧气部分来源于微生物的光合作用，而微生物又能利用水中的溶解氧作为能量来源。因此，河流中的生物对氧气的需求相对较高。河流生物为人类提供食物、药物、能源以及其他各种产品和服务，是维持自然界生态平衡的重要因素之一。

河流的生物群落主要可以划分为两大类：一是急流生物群落，二是缓流生物群落。水流速度的快慢会影响这些物种的分布和移动，有时甚至促成新物种的形成。在流水生态系统中，河底的土壤质地，如沙土、黏土和砾石等，对生物群落的特性、优势物种以及种群密度产生深远影响。

急流生物群落是河流中的代表性生物，它们通常具有流线型的体型，以最小化在流水中产生的摩擦。许多急流生物拥有扁平的身躯，这使它们能够在石头下方和缝隙中找到栖息地，并从较深的水流中获取营养。此外，这些生物还展现出其他适应能力，例如能够长时间附着在固定物体上，如河底表面的绿藻、刚毛藻和硅藻。这些生物中，大多数动物属于底栖动物，而部分则能漂浮或浮游于水面。有些动物，如淡水海绵和将壳与石头结合的石蚕，则习惯于固定生活。

三、湖泊生态系统

（一）湖泊生态系统的基本特征

1. 界限明显

一般来说，湖泊和池塘的边界相对明显，比陆地生态系统更易于划定。由于在能量流和物质流过程中处于半封闭状态，因此常被用于生态系统功能的研究。

2. 面积较小

全球的湖泊主要集中在北半球的温带和北极地区。除了极少数湖泊拥有广阔的面积（如苏必利尔湖、维多利亚湖）或深度（如贝加尔湖、坦噶尼喀湖）外，大部分湖泊的规模都相对较小。受全球气候变暖及人类活动的影响，目前许多大、中、小型湖泊正逐渐萎缩甚至消亡，其中俄罗斯西伯利亚地区的阿穆尔河流域的情况最为严重。在我国，面积超过 50 km^2 的湖泊并不多见，多数湖泊的面积都在 50 km^2 以下。因此，科学地划分与研究湖泊，对于认识地球其他生态系统的组成结构及其相互关系，以及了解人类活动所引发的环境问题，具有十分重要的意义。根据成因，湖泊可分为构造湖、火山湖、河成湖、风成湖和海湾湖等，这些湖泊因成因不同而具有独特的形状和轮廓。

3. 湖泊的分层现象

在北温带湖泊中，热分层现象尤为显著。湖泊表面为上层，底部为下层，两者之间形成一个温度迅速变化的区域，称为变温层。这种层状结构受气候条件影响。湖泊系统的温度和氧含量随地区和季节不同而有所变化。以温带地区湖泊为例，春季气温回升，湖水解冻后，各层水温平均维持在 4 ℃左右，而氧含量除了表层稍高和底层稍低外，其余接近 13 mL/L。随深度增加，水深对水温的影响逐渐减弱。随着季节过渡到夏季，湖面吸收大量热量，导致上层水温升高至约 25 ℃，而下层水温仍保持在 4 ℃。同时，位于上下层之间的变温层温度也不断急剧波动。夏季过渡到秋季时，上层水温开始逐渐下降，直至表层与深水层温度达到平衡。随后，下层与上层温度发生逆转，湖底形成温度梯度带，导致低温层与表底层温差加大。当气温持续降至冰点时，上层水温实际上低于下层水温，此时湖水开始结冰，上部被冰层覆盖。在此过程中，湖水向大气释放大量氧气。这一生态系统内的循环遵循着明确的模式。

4. 水量变化较大

湖泊的水位波动主要是由于进出湖泊的水量发生了改变。受季节、气温等因素影响，湖水位常常有较大波动。因此，对湖泊水质进行监测时，必须进行周期性分析。在进行生态调查时，通常会根据湖泊水位的年度波动，进行三次样本采集。不过，由于季节和气温的影响较大，有时可能会造成误差。在我国，7—9 月这一多雨时期通常是一年中的最高水位期，被称为丰水期；而在降水稀少的冬季，通常会出现最低水位，这一时期被称为枯水期。这两种不同的水文现象相互制约。当水位波动较大时，湖泊的面积和水量也会相应地发生变化，常会出现“枯水一线，洪水一片”的自然现象。

5. 演替、发育缓慢

淡水生态系统发育的基本模式，是从贫营养到富营养和由水体到陆地。

（二）湖泊生物群落

湖泊生物群落具有成带现象的特征，可以按区域划分为三个明显的带：沿岸带物群落、敞水带物群落和深水带物群落。

1. 沿岸带生物群落

这一带是光线能透射到的浅水区，其中的生物群落包括以下几类。

（1）生产者

沿岸带的生产者主要分为两大种类：具有根系的底栖植物和浮游或漂浮的植物。在垂直方向上，它们又可分为根区和叶区两类。在沿岸带，典型的有根水生植物形成了同心圆带，并会随水深度的增加而发生变化。一个类群逐渐替代另一个类群，它们的排列顺序是：挺水植物带→漂叶植物带→沉水植物带。

① 挺水植物。这种植物的主要特点是它具有根系。在光合作用过程中，大多数的叶子都从水面伸展出来，例如芦苇和莲花等。

② 漂浮的植物。这种植物的叶片漂浮在水面之上，例如睡莲和菱角。

③ 沉水植物。这些植物一般具有较高的叶绿素含量，并能吸收水体中的营养盐。这一类的植物主要是一些具有根系或固着能力的植物，它们全部或大部分沉入水中，例如眼子菜、金鱼藻和苦草等。这些植物一般具有一定的形态，并能悬浮在水体中。沿岸带的无根植物主要由多种藻类构成，其中硅藻、绿藻和蓝藻是最主要的种类。部分藻类具有完全的漂浮性，而其他一些则与有根的植物紧密相连或与其有密切的关系。

（2）消费者

沿岸带的动物种群相当丰富，几乎所有具有代表性的淡水动物门类都生活在这里。在附生生物的种类中，常见的有池塘螺类、蜉蝣、蜻蜓稚虫、轮虫、扁虫、苔藓虫和水螅等。水生生物中，常见鱼类如鲢、鳙、草鱼、鲤、鲫等。在自由游动的生物中，昆虫纲的昆虫种类和数量相对较多，其中龙虱是水中的一种强壮生物，它们经常捕食小鱼并吸取其体液；蜘蛛类则是捕猎的能手，能在水底爬行，捕食各种水生生物。蝎蝽科利用其镰刀状的前足来捕获水中的小型生物；仰泳蝽科也属于食肉动物，以浮游生物为食物；这些都是以其他小型水生生物为食物的捕食者。在牙虫科、沼梭科甲虫和划蝽科中，至少存在一部分是草食性或者是腐食性的昆虫。另外，如脊椎动物中的蛙、龟和水蛇等，都是沿岸带的重要生物。底栖爬行类也具有较高的捕食能力。在沿岸带中，鱼类是主导的种群。水生昆虫与底栖生物之间关系密切。在水中，一些浮游动物如甲壳类，尽管数量众多但活动能力有限，当它们不主动游泳时，往往会选择栖息在水底或缠绕在植物表面。水生昆虫以其个体大、繁殖力强、食性广泛、生长迅速而成为沿岸带中重要的生物类群。在沿岸地区，常见的浮游动物种类还包括介形类和轮虫等。

2. 敞水带生物群落

在广阔的水域中，主导浮游植物生产的是硅藻、绿藻以及蓝藻。在某些情况下，也可见到一些丝状藻类。这些藻类的绝大部分种类体积较小，它们每单位面积的产量有时甚至超过了有根植物的产量。在某些条件下，也能产生大量的小型藻类，但其个体大小通常小于有根植物。在这些藻类中，很多都展现出了漂浮或其他适应浮动环境的能力。在温暖地区的浅水中，一些大型藻类如轮藻类和纤毛虫类能形成庞大的群体，而某些小型藻类则只占据很小一部分生物量。这个区域的浮游植物种群数量呈现出显著的季节性变化。冬季浮游植物群落以小型藻类为主，而夏季则出现大量的大型蓝藻。浮游动物虽然主要由几种不同的动物类群构成，但它们的数量却非常庞大。水生昆虫也是一个非常活跃的生物群体。在这些生物中，桡足类、枝角类以及轮虫类占据重要地位。这些水生生物的存在使得该水域形成了一个稳定且丰富的食物链结构。在我国人工管理的水域中，鲢鱼和鳙鱼已成为主导种群。

3. 深水带生物群落

深水带水域由于基本上缺乏光照，生物主要依赖浅水区域和湖泊其他富饶地带飘落下来的有机物质作为食物来源。因此，深水带的生物群落主要是由水和淤泥中的细菌、真菌以及底栖无脊椎动物构成的。在这个区域，底栖藻类占据绝对优势。主要的无脊椎生物包括摇蚊属的幼虫、环节动物颤蚓、小型蛤蜊以及幽蚊的幼虫等。此外，深水带还包括各种软体动物和昆虫。所有这些生物都具备在缺氧或低氧条件下生存的能力。需要注意的是，虽然深水带鱼类活动相对较少，但仍然有一些适应深水环境的鱼类存在。

四、海洋生态系统

（一）海洋生态系统的主要特征

1. 生产者均为小型

生产者主要由体积非常小（2～25 μm）、数量庞大且种类丰富的浮游植物和一些微生物构成。它们以多种方式聚集在水体中，形成了复杂多样的食物链，为鱼类等水生动物提供必要的营养和能量。在海洋生态系统中，小型浮游生物能构成食物链的基础，原因主要在于：由于海水密度的特性，植物无需具备坚实的支撑结构，这对小型植物而言是有利的，但对大型生物则较为不利；浮游细菌具有强大的繁殖能力，能将大量微小颗粒悬浮于水体中，并将其分解为二氧化碳和水，因此也是重要的初级生产者。当海水进行小规模相对运动时，任何自由漂浮的植物都需依赖水中分子的扩散来吸收营养和排泄废物。在这种环境下，较小的体型和自主运动能力显得尤为有利，而由多个细胞组成的大型结构相较于单一细胞结构，其效能则大为降低。浮游植物群落具有一定程度的稳定性，因此即使是单个个体，也不会因环境条件的轻微变化而显著改变其行为特征。在海洋中，大型环流不断地将漂浮的植物从它们最适宜的位置冲走，同时也常有部分植物被带回，以维持其种群的更新。对于小型植物而言，实现这种必要的回归机制远比大型植物更为容易。此外，微型单细胞植物展现出更高的活力和较低的死亡率，因此对其研究具有重要意义。同时，这些小型单细胞植物具备在水下逆流环境中短暂摄取食物颗粒的能力，或可利用溶解的有机物作为其营养来源。

2. 海洋为消费者提供了广阔的活动场所

相较于海洋植物，海洋生物的种类更为丰富多样。在地球上，众多种类的鱼和虾都栖息于海洋之中，而大多数海洋哺乳动物也选择在海洋生活，而非陆地。这主要归功于海洋的辽阔面积，为海洋生物提供了充裕的活动空间。此外，海洋中蕴含着丰富的营养成分，对于海洋生物而言，这些食物资源似乎无穷无尽。同时，海洋中繁衍生息的各种生物，相互依存，共同构成了复杂的生态系统，为海洋动物提供了必要的营养和帮助。海洋的环境条件多变，从浅滩到深渊，从寒带到热带，这种多样性孕育了数量庞大且种类繁多的海洋生物。

3. 生产者转化为初级消费者的物质循环效率高

在海洋的上层，浮游植物和浮游动物的生物量大致相当。浮游植物通过光合作用进行生产，其产量的大部分被浮游动物消耗，并且它们的移动速度很快。海洋生态系统具有较高的能量转化效率。然而，海洋生态系统的生产能力明显低于陆地生态系统。因此，为了提高整个系统的生产率，必须促进各种生产者之间的物质和能量交换。在消费者群体中，特别是初级消费者中，存在大量杂食性物种，这在调控生物数量方面发挥了一定的作用。

4. 生物分布的范围很广

海洋覆盖了地球表面的约 71%，面积广阔且相互连通，形成了一个庞大的水体系统。这种地理特征使得海洋成为众多生物的栖息地，几乎在海洋的每个角落都能发现生命的踪迹。从阳光充足的海面到幽暗深邃的海底，从温暖的热带水域到寒冷的极地冰海，海洋生物展现出惊人的多样性和适应能力。一些生物如浮游植物和浮游动物充斥于海洋的表层水域，依赖光合作用和养分循环维持生命，而其他如深海鱼类和巨型章鱼则在海洋的深渊中生存，适应了高压和低温的极端环境。此外，海洋中的洋流和季节性变化也促使生物在全球范围内迁移和分布，形成了复杂的生态网络。这些遍布全球的生命形式不仅展示了生物的适应能力和多样性，也反映了海洋作为地球最大生命支持系统的重要性。

（二）海洋环境的主要特点

1. 海洋是巨大的，它覆盖了 70%以上的地球表面

每一个海域都是相互连接的。地球上三大洋彼此相连但并不与三个大陆重合。全球海洋的总体结构围绕南极洲形成一个连续的区域，并向北延伸出三大主要洋，即太平洋、大西洋和印度洋。有观点认为，全球的大洋应分为四个，包括北冰洋。由于地球上存在巨大的大气环流系统，不同季节中的洋流有所不同，因此海洋具有自己独特的特点。事实上，北冰洋被视为大西洋的一部分。对于自由移动的海洋生物来说，它们的生存主要受温度、盐度和

深度的制约。

2. 海洋的连续和周期循环

海洋与海洋之间存在着紧密的交流和连接。海水从赤道流入太平洋，又从赤道流出大西洋，然后再流向世界各地，形成了巨大的环流。这种流动称为海流，也叫潮流或洋流，是海水在四周扩散和汇聚时形成的水流运动。通常情况下，海流在北半球主要以顺时针方向流动，而在南半球则主要以逆时针方向流动。这种流动影响了海洋性气候。海洋还存在潮汐现象，其循环周期约为 12.5 小时。海水中含有丰富的氧气和二氧化碳等物质，它们通过潮汐扩散，与空气混合后回到海洋深处。在海洋生物密集且数量众多的沿海区域，潮汐起到了至关重要的作用。由于潮汐与海流和海水温度变化密切相关，对许多生物来说，其生活周期也具有某种规律性。正因潮汐的作用，这些海洋生物群体展现出显著的周期性变化。

3. 海水含有盐分

通常，海水中各种盐的总含量在 3%～3.5%之间，其中 NaCl 是主要成分，大约占了 78%；$MgCl_2$、$MgSO_4$、KCl 等成分合计占据了 22%的比例。由于海水温度相对较高，对盐的溶解度也较大，因此盐分在海洋中分布广泛。然而，在某些特定条件下，如降雨或河流淡水注入，海水的盐分浓度可以降低至 1%～2%。由于海洋水文条件的复杂性以及人类活动的影响，不同地区海水的含盐量存在差异，并且随着季节的变化也会有明显的差别。例如，我国的渤海近海区域的盐度范围大致在 25%～28%，东海和黄海的盐度则介于 30%～32%，而南海的盐度则高达 34%。

4. 海洋是一个容纳热量的“大水库”

在炎炎夏日，当陆地被烈日炙烤得热气腾腾时，海洋却像一个巨大的热量仓库，默默地吸收并储存着太阳赐予的热量。海水的热容量远大于陆地，因此它能够有效地减缓夏季气温的急剧升高，为沿海地区带来一丝丝凉爽。而到了寒冷的冬季，当陆地被冰雪覆盖，寒风凛冽时，海洋又像一个温暖的守护者，将储存的热量缓缓释放出来，温暖着周围的大气。这种季节性的热量调节使得海洋对整个大气圈具有极其重要的调节作用，它不仅影响着局部地区的气候变化，更对全球气候的稳定与平衡发挥着举足轻重的作用。

（三）海洋生物

海洋生物分为浮游、游泳和底栖三大生态类群，种类异常丰富。

1. 浮游生物

在海洋中，浮游生物主要指那些受水流影响而被动漂浮在水层中的生物群体。它们通常体积较小、种类繁多，且广泛分布在海洋的上层。

根据营养来源的不同，浮游生物可分为浮游植物和浮游动物。海洋中的主要生产者是浮游植物，它们在自然界中分布广泛，数量众多。其种类构成复杂，主要包括原核生物中的细菌和蓝藻，以及真核生物中的单细胞藻类，如硅藻、甲藻、绿藻、金藻和黄藻等。

赤潮是海水因赤潮生物污染而变色的一种特殊现象。它发生后会引起大量海洋生物死亡，使海洋呈现红色斑块或条状特征。赤潮的颜色随生物种类和数量而异，如夜光藻引发的赤潮为桃红色，而甲藻引发的则多为褐色或黄色。赤潮发生时，常伴随有毒物质排放，对环境造成危害。赤潮生物种类繁多，包括裸甲藻、短裸甲藻、海洋原甲藻、骨条藻、卵形隐藻和夜光藻等。有些赤潮生物能释放有毒物质，对海洋生物甚至人类构成威胁。

海洋中的浮游动物是生活方式独特的浮游生物。它们在食物链中占据多个营养层面，包括植食、肉食、碎屑食和杂食。与浮游植物相比，浮游动物的种类更为复杂，主要包括节肢动物中的桡足类和磷虾类。这些动物虽能自主移动，但速度缓慢，常聚集漂浮在海面，随大流移动。需要注意的是，这里提到的沙丁鱼、小黄鱼等并非浮游动物，而是游泳生物，因此应删除或替换为恰当的浮游动物例子。

2. 游泳生物

游泳生物是指那些具备高度发达的运动器官和卓越游泳能力的生物。在水中，它们主要依赖呼吸作用来获取维持生命所需的氧气。海洋生态系统中的游泳动物包括鱼类、大型甲壳动物、龟类、哺乳动物（例如鲸和海豹）以及海洋鸟类等。这些生物在水中生活时，通过摄食浮游植物、有机碎屑和微生物来获取食物，构成了食物链中的第二和第三级消费者群体。它们能在海水中自由游动，完成各种复杂活动，并为人类提供丰富的动物性食品。海洋中的游泳动物种类繁多，数量庞大，通常体型较大且游泳速度迅速。这些动物的运动器官由不同类型的骨骼构成。例如，须鲸的最大体长可超过 30 m，体重约达 150 t；而海獭则是体型较小的哺乳动物之一。海豚在水中的游动速度甚至可超过每小时 90 km。

在游泳生物中，鱼类占据主导地位。与虾等水生脊椎动物一样，鱼类具备发达的感觉器官和运动能力。它们能在海洋的上层、中层和下层生存，甚至在深达 10 000 m 的海域也有鱼类存在。鱼类可分为肉食性和杂食性，进一步又可划分为海水鱼、淡水鱼和海淡水鱼三大类。与其他游泳动物相比，鱼类的种类（约 2 000 多种）和个体数量均显著增长。此外，游泳生物中还包括多种虾类，虾是一种身体柔软细长、四肢发达的生物。在游泳生物中，鲨鱼和海豚尤为著名，它们虽长时间生活在海底，但动作敏捷，擅长游泳。同时，乌贼作为头足纲的一员，以及鱿鱼和章鱼都是中国海洋中常见的生物。

3. *底栖生物*

底栖生物是海洋生态系统中一个极为庞大且多样化的群体。这些生物主要分布在海水底部或海底沉积物的一定深度内，构成了一个独特而复杂的生态环境。它们的种类繁多，从较为原始的多细胞生物，如海绵和海百合，到各种复杂的鱼类和无脊椎动物，共同构成了一个丰富多彩的生物群落。

底栖生物根据其生活习惯可以被细分为几大类。首先是固定生活的生物，这些生物通常通过根、足或其他附着器官牢固地固定在海底或其他硬质表面上。它们能够在固定的位置获取食物和氧气，同时避免被水流冲走。这类生物包括了许多种类的海藻、贝类和珊瑚等。

另一类是埋藏生活的生物，它们生活在海底沉积物中，将自己完全或部分地埋藏起来。这种生活方式有助于它们躲避天敌、保持湿润以及获取食物。

这些生物通常具有特殊的呼吸和摄食器官，以适应在沉积物中的生活。例如，一些种类的蚯蚓和蛤蜊就属于这一类。

穴居生活的生物则选择在海底沉积物中挖掘洞穴作为自己的居所。这些洞穴不仅为它们提供了庇护所，还有助于调节温度和湿度。这类生物通常具有较强的挖掘能力，能够在坚硬的沉积物中开辟出舒适的居住环境。一些虾类、蟹类和鱼类就属于这一类。

最后是钻蚀生活的生物，它们以钻入硬质物体如岩石、贝壳等内部为生。这种生活方式需要它们具备特殊的钻蚀工具和技巧，以便在坚硬的物质中开辟出自己的生存空间。这些生物通常能够在极端环境下生存，展现出强大的生命力和适应能力。例如，一些种类的海螺和寄居蟹就采用了这种独特的生活方式。

第二节　生态监测技术的类型特点与指标体系

一、生态监测技术概况

（一）生态质量与生态监测

环境质量可根据环境素质的高低来界定，其中“优劣”代表质量，“程度”则表达数量。因此，环境质量可划分为生态环境质量、生态系统质量以及人—自然系统质量三类。具体而言，环境质量描述的是特定环境或其组成部分对人类生活、繁衍及社会经济进步的适宜性。这是一个基于人类需求而形成的概念，用于评价环境的属性和数量特征。生态质量作为环境质量的一个子集，在当前的“生态质量评估”和“生态质量分析”文献中，其定义鲜有深入探讨。部分文献仅依赖简单的理化数据、生物多样性指数及指示生物来评判生态质量，显然这种方法是不充分的。这些指标往往难以精准反映生态环境质量的真实状况。究其原因，生态系统的高度复杂性和动态变化性增加了分析和评估的难度。同时，不同研究者采用的指标体系各异，导致实际应用中常出现偏差或错误。因此，目前尚缺乏一个统一且明确的生态质量定义。

人们对生态质量概念的理解差异导致了使用上的混乱。在实际应用中，有人将生物环境质量与生态质量等同，并定义为“生物群落的组成、功能和质量”。这种定义在本质上与生态质量相符，他们使用诸如弹性、适应性、物种多样性、栖息地容量、种群密度和食物网等生态指标来评估环境影响。然而，也有人将生态质量等同于人类社会经济活动所造成的影响或损失。另外，有些人将污染物和农药在生物体内的残留，以及农产品中某些重金属和其他有毒物质的允许含量，统称为生态质量。

严格来说，生物环境质量与生态质量是有所区别的。前者通常指由于环境因素（自然或人为）变化导致生物多项指标异常的情况，而后者则特指人类活动引发的生态环境恶化及影响。从环境质量变动的角度看，生态环境比生物环境具有更广泛的含义，因为生态环境在人类社会中对人类的生存和发展至关重要。尽管生态系统由众多生物构成，但生态系统与生物之间存在本质区别。在完整的生物圈中，除了物种外还存在许多非物种成分。如同群落与种群、种群与个体之间的差异一样，层次的转变意味着事物发生了质的飞跃。因此，我们需要对生态质量的概念有一个新的认识。

基于前述分析，我们可以明确生态质量是建立在生态学理论基础之上的。从生态系统的视角出发，我们研究系统的各组成部分，特别是生命部分的质量变化及其相互关系，以及人为干预下结构和功能的变化，从而评估其环境质量的好坏。此外，还可对人类活动影响下的生态环境状况进行综合评估。因此，生态质量及其评估具有高度的综合性。

生态监测是在生态系统层面上进行的综合性观测，旨在观察和评估生态系统在自然和人为变化下的反应。这种方法涉及对各种生态系统的结构和功能在时空分布上进行量化，包括生物监测和地球物理化学监测两大领域。

相较于生物监测，生态监测显得更为复杂和综合。在国外，尽管对生态监测的理解有所差异，但有一种主流观点是将生态监测与生物监测视为相辅相成的概念。这种观点认为，从学术角度看，生态监测虽然包含生物监测的某些方面，但其覆盖的范围更广泛、更综合，能够系统地收集大量关于地球生命支持能力的资源信息。因此，生态监测可被视为一个独立于生物监测之外的领域。

同时，也有观点认为生态监测是生物监测的一部分。在生态学研究中，任何层次的工作都涉及不同程度的生物或化学试验。持此观点的人认为，生物监测的核心在于系统地利用生物反应来评估环境的演变，并将这些数据整合到环境质量的监控过程中。而从生物学的组织水平来看，各个层面都可能产生反应，但生态监测主要关注生态系统层面的生物响应。

实际上，无论是生物监测还是生态监测，其核心都在于利用生命系统对自然或人为因素引起的环境变化的反应来评估环境质量。这两种监测方法都探索生命系统与环境系统之间的相互作用，并都属于生态学的研究范畴。在此基础上，可以构建一种以生物学为基础的生态系统理论。从这个角度来看，所有主要依赖生命系统（无论在哪个层面）进行环境监测的技术和方法，都可被视为生态监测的一部分。

值得注意的是，即使是生物监测的先驱如科尔克威茨和马森，也强调在评估环境时不应仅依赖单一生物，而应考虑生物群落的特性。这一观点进一步强化了生态监测与生物监测之间的联系和区别，并催生了两种不同类型的监测概念和技术体系的发展。因此，当人们提及生物监测时，实际上往往指的是更广泛的生态监测。

基于上述分析，生态监测可以合理定义为：利用多种技术手段测量和分析生命系统在不同层面对自然或人为因素的反应或反馈，从而评估这些干扰对环境的影响和固有规律，为环境质量的评价、调整和管理提供关键的科学依据。生态监测是一个复杂且相对独立的研究领域。更形象地说，生态监测是一个科学过程，通过观察生命系统及其相互作用的变化，利用仪器反向监控环境质量及其变化。

简而言之，生态监测是一个采用类似技术的方法，在时间和空间上对特定区域的生态系统或其组合体的种类、结构、功能和主要组成部分进行全面测量和观察。这些监测数据被用于评估和预测人类活动对生态的潜在影响，为资源合理使用、生态环境改善和自然保护提供重要的决策参考。

（二）生态监测技术类型与空间尺度

生态监测涉及广泛范围，但根据监测对象和内容，可概括为两类：宏观监测和微观监测。这两者也是生态监测的两个基本空间尺度。

1. 宏观生态监测

宏观生态监测聚焦于区域内生态系统的组合方式、嵌入特征、动态演变及空间分布格局等，并探究这些变化如何受人类活动影响。其目的在于揭示生态系统中各要素间的相互关系及各系统间的相互作用规律，从而实现对整个地区或局部的整体动态监控。这有助于合理开发利用资源、保护生态环境，并为生产建设与管理提供指导。宏观生态监测主要依托现有的自然背景图和专业图纸，以遥感技术和生态图技术为主要支持工具。遥感技术因获取信息量大、速度快、周期短且成本低廉，成为宏观生态监测最有效手段之一。通过监测获得的几何数据通常以图形形式展现。

该研究的核心是对特定区域内具有重要性的生态系统分布和面积动态变化进行监测，如热带雨林生态系统、沙漠化生态系统和湿地生态系统等。这些生态系统脆弱且易受人类活动影响，同时它们又位于关键的生态环境建设和保护区域。一旦受损，将严重危及国家安全和人民生活质量。因此，在进行宏观生态监测时，地域级别应至少覆盖区域生态范围，并可能扩展至全球层面。鉴于生态环境变化对经济和社会发展的深远影响，加强宏观管理至关重要。利用遥感技术构建地理信息系统是宏观生态监测中最高效的方法。目前，遥感技术已被国际社会视为进行宏观管理和研究生态环境变化及其成因的重要技术手段之一。此外，区域性的生态调查和生态数据统计也构成宏观生态观测的组成部分。

2. 微观生态监测

微观生态监测是对一个或多个生态系统中的各种生态元素进行物理和化学性质观测的过程。其目的在于深入揭示生态系统内部物质与能量流动过程中，生物与非生物资源之间以及各种生态因素之间相互作用的动态规律，从而为制定有效的生态环境管理措施提供科学依据。与宏观生态学主要研究生态系统内部物质循环与能量流动的各种现象及其相互关系不同，微观生态监测更侧重于某一特定生态系统或生态系统集群的结构和功能特性，尤其关注这些特性如何受到人类活动的影响而发生变化。

在微观生态监测中，我们采用物理、化学或生物学手段，对生态系统的各个组成部分进行详细的属性信息提取。这些指标能够全面反映生态系统内部物质能量的流动情况，揭示其空间格局以及各种生物之间的相互作用关系。因此，在进行微观生态监测时，应以众多生态监测站为基础，这些监测站的地理级别可以广泛涵盖由多个生态系统构成的景观生态区，同时最小的监测单位也应代表一个明确的生态类别。

需要注意的是，由于地理条件和自然因素的制约，同一地区不同级别的监测站所获得的结果可能存在差异。因此，我们需要通过对比分析来进行深入研究。在建立和选择生态监测站时，必须确保其具有代表性，并可以根据生态监测计划的规模，在整个区域乃至全球范围内合理设立不同的监测站。同时，在进行生态环境监测时，必须充分考虑各种影响因子的空间异质性。

根据监测的详细内容，我们可以将微观生态监测进一步划分为干扰性生态监测、污染性生态监测以及治理性生态监测三大类别。

（1）干扰性生态监测

干扰性生态监测是指针对人类特定生产活动所引发的生态干扰而进行的监测工作。这包括因砍伐森林而造成的森林生态系统结构、功能、水文过程及物质迁移规律的变化；因过度放牧导致的草场退化，进而降低其生产能力；因湿地开发而引发的生态环境转变，以及因生活污染排放对水生生态系统产生的各种影响。这些监测内容均属于生态监测的范畴，其目的在于深入了解和掌握生态环境的变化情况及其发展趋势，从而为自然资源的保护与合理利用提供科学的决策依据。显然，这种类型的监测工作涉及领域十分广泛。

（2）污染性生态监测

污染性生态监测是专注于追踪和评估特定污染物在生态系统中的流动和影响的监测活动。这主要包括农药、重金属污染物等有害物质在生态系统中食物链的传递、累积和富集过程的监测。例如，当这些污染物进入水体或土壤后，它们可能会被植物吸收，进而通过食物链传递到更高层次的生物体中，造成潜在的生态风险。

波兰的生态监测计划中，对生物体污染程度的监测就是一个典型的污染性生态监测案例。该计划通过定期采集和分析不同生物样本中的污染物含量，以评估污染物质在生态系统中的分布、迁移和转化规律，从而为环境保护和管理提供决策支持。

这种类型的监测对于预防和减轻环境污染，保护生态系统健康具有重要意义。通过及时发现污染源，了解污染物的传播路径和影响范围，可以更有效地制定和实施环境保护措施，降低生态风险，维护生态平衡。

（3）治理性生态监测

治理性生态监测主要是针对人类干预后生态系统生态平衡的恢复过程进行持续性的监控。它依托生态学理论，综合运用多样化的方法和手段，对各种生态环境因子展开全面研究，并将所得信息提供给各级政府及相关部门，作为决策的重要参考。例如，对受侵蚀土地进行治理，并对植被重建过程实施监控；对沙漠化地区的治理进程进行持续跟踪监测。这些监测内容具体涵盖了生物多样性、土地生产力以及环境条件等多个方面。值得注意的是，上述三种生态监测方法都应以背景生态系统的监测数据作为参照基准，旨在揭示在人类活动干预下，生态系统内部各种过程所发生的变化及其影响深度。

一个完善的生态监测方案需要全方位考虑不同空间尺度的监测数据，这样才能准确而深入地把握生态系统在人类活动影响下的整体变化态势。当前，我国开展的区域生态环境质量监测主要聚焦于土地利用、植被覆盖以及土壤养分等关键指标的监测。在此过程中，宏观层面的监测应以微观层面的详尽监测为基础，而微观层面的监测也应围绕宏观监测的主导方向进行，二者之间应形成互补关系，而非相互替代。因此，在生态监测网络中，不同尺度上的监测活动应相互协调、密切配合。宏观监测与微观监测虽然各有侧重，但二者相辅相成，共同构成了一个全面的生态监测方案。具体而言，宏观监测旨在对特定区域内的某一或若干关键环境因子进行长期、连续的观测，并通过图形化方式直观展示监测结果，从而揭示该区域气候、生物多样性以及其他生态环境要素的动态演变规律。通过有机结合多个微观监测点和宏观监测手段，我们能够搭建起一个系统、完备的生态监测网络。

（三）生态监测的任务与特点

生态监测是采用特定手段，在确定的时间和空间范围内，对某一特定区域中的生态系统或生态系统集群进行持续、系统的测量和观察，主要关注其种类、数量、结构以及功能等核心要素。

生态监测的主要任务包括：对区域内的珍稀及重要生态种类，特别是受人类活动影响显著的生态问题，进行时间和空间上的动态监控；为自然资源的合理保护与利用以及可持续发展战略的制定提供科学支撑。此外，还需监测由人类资源开发活动引发的生态系统结构、构造与功能的变动；跟踪人为因素导致的生态系统退化情况；探究环境污染物对生态系统各组成部分的影响及其在生物链中的传递情况；对环境污染造成的生物多样性丧失进行监控与补救。同时，监测在人类治理活动下，受损生态系统如何恢复生态平衡的过程，以及如何将监测信息有效转化为指导人类行为的实用信息，也是当前生态学的重要研究内容。

通过收集与分析监测数据，我们深入研究了上述生态问题的演变趋势，构建了相应的数学模型，为未来预测、预报及影响评估工作奠定了坚实基础。

这些成果不仅为环境保护规划与管理部门制定相关政策、措施提供了有力依据，也为政府在环境立法和决策过程中提供了科学参考。同时，这些工作还促进了国内外生态学领域专家的交流与合作，有助于寻找符合我国实际的资源开发与治理策略，并可作为科研、教学及培训工作的基础资料。我们还将积极支持并参与国际重要的生态研究与监测项目，如 GEMS、MAB、ICBP 等，共同构建国际生态监测网络。

生态监测与环境质量监测存在显著差异，这些差异不仅体现在监测目标、内容、方法和空间尺度上，还源于生态学的理论和监测技术，这使得生态监测具有以下几个鲜明特点。

1. 综合性

现代生态学是一门涵盖众多分支的庞大学科，全球生态和环境都受到人类活动的广泛影响。因此，生态监测是一个高度综合、跨学科的领域。在开展生态环境监测工作时，不仅需要严谨的科学计算方法，还需具备相应的科技条件。全面的生态监测方案应覆盖农业、林业、畜牧业、副业、渔业和工业等多个生产领域，并依赖涵盖生物学、地理学、环境科学、生态学、物理学、化学、数学信息科学及技术科学等多个学科的团队。否则，实现综合性生态监测的目标将无从谈起。

2. 长期性

许多生态系统的进化速度相对较慢，如森林变迁、木材分解及脊椎动物种群演变等。同时，生态系统具有自我调节能力，对人类活动干扰的反应通常较为缓慢。因此，在进行系统研究时，必须建立完整的指标体系来反映这些现象的长期动态变化。例如，酸沉降对森林生态系统的影响经历多个阶段后，才最终表现为林木生长受抑制、演替受干扰。短期观测数据往往无法提供明确答案，甚至可能导致对生态过程长期趋势的误解。因此，生态监测可能需要长达数十年甚至上百年的时间来真正揭示和解释存在的问题。尽管某些情况下，短期方法能解决长期监测问题，但这并不削弱长期监测的核心价值。

3. 复杂性

生态系统代表生物与环境之间的紧密联系，在时间和空间上均表现出显著变异性。偶发事件如洪水、干旱和火灾等会对生态系统产生巨大干扰，导致复杂变化和重要功能或结构改变，甚至引发物种灭绝。在生态监测中，区分人类干预和自然变异及干扰通常非常困难，尤其在人类干扰不明显或生态过程不清晰的情况下。此外，一些重要物种或类群灭绝后可能无法及时恢复，导致濒危或面临灭顶之灾，这增加了生态监测的复杂性和研究挑战性。为了更好地了解生态环境状况，人们常采用定量或定性分析方法，并利用现有生态知识和监测数据为管理决策提供支持。

4. 分散性

生态监测耗时耗力且需要大量资金和复杂设计，因此监测台站布局无法像环境监测那样密集。为实现生态系统的长期动态监测，必须采用一定规模的监测网络。这些网络具有较强的分散性，尤其是跨区域和全球范围的监测项目。因此，需要一种能在不同地点、时间和空间进行有效监测的方法来确保对环境问题作出及时反应。另外，由于生态环境变化缓慢，监测时间范围广泛，更倾向于采用周期性间歇性监测而非连续性监测。

（四）国内生态监测状况

过去十多年里，我国在自然环境质量评价指标体系方面进行了深入研究。例如，中山大学与华南环科所在海南岛的生态质量评价指标体系研究中，基于四个基本原则（生物量、多样性、稳定性和清洁度）和二十个具体指标参数，根据这些参数的生态学特性和影响程度，划分为五个等级，并采用模糊聚类方法进行综合评价，从而构建出适合我国国情的生态环境质量综合评价体系。吉林环保所则针对东北地区自然保护区，完成了生态指标体系及其有效管理的深入研究，提出建立东北黑土区国家公园生态监测系统的构想。该研究将保护区分为三级，生态指标体系分为三个层次和五个具体指标，运用层次分析法确定指标权重，并依据不同标准赋分，最终将保护区划分为七个等级。

在生态监测指标研究方面，近年来也取得了显著进展。华南环科所完成了“生态监测技术大纲”研究，提出野外生态站的监测标准和推荐方法。目前，广东、广西、福建、浙江、江西、湖南、四川、贵州等省已建立不同类型的生态监测站，涵盖农田、森林、荒漠、淡水和海洋等类别。陆地生态系统站的监测指标体系包括气象、水文、土壤、植物、动物和微生物六大要素，涉及 100 多个常规监测指标和项目，以及数十个选测项目。各站点根据实际情况制定监测工作方案和管理办法。此外，新疆、洞庭湖、舟山等生态观测站也制定了各自的观测标准。目前，全国范围内已建设或在建生态站近千个，涵盖林业、农业和中科院等多个领域。这些生态观测站开展了大量生态科学研究，并积累了多年的生态观察数据。在科学院的统筹策划和世界银行贷款支持下，成功构建了全国性的生态研究网络，并注重信息系统建设。这些成果已引起国际关注，但研究仍主要集中在特定地域范围内。

总体来看，我国在生态监测方面的主要特点包括：对生态过程的深入研究，以及生态监测覆盖范围相对有限，主要聚焦于微观层面监测。

生态监测融合了宏观与微观的监测手段，旨在全面理解区域生态的整体特性及其变化趋势。为实现这一目标，我们不仅需要从景观层面把握生态格局，还需通过宏观视角洞察生态动态的演变。同时，微观层面的生态状况分析也至关重要，它要求我们构建系统化的生态监测网络定位站点，以确保定期、持续的监测工作得以有效进行。

生态监测的实践必须以生态学原理为基石，结合先进的技术手段，从而确保监测数据的真实性与可靠性，进而准确反映生态系统的实际状况。然而，当前生态监测面临诸多挑战：监测指标繁多、方法标准化差异大、微观与宏观监测的有机结合尚待加强。这些问题的解决对于提升我国环境监测领域的整体水平具有重大意义。

考虑到生态环境问题的长期性、复杂性与艰巨性，生态监测已成为我国环境监测的重要任务之一。尽管现代技术与方法层出不穷，但其在生态监测中的应用与价值尚未得到充分展现。因此，监测部门迫切需要一套实用、高效的评估指标和策略，以支持全国范围内的生态监测工作。

我国地域辽阔，生态环境多样，不同地区间的生态系统组成差异显著。这一现状要求我们为全国各类生态监测技术制定统一的策略，以确保监测工作的规范性与有效性。在此背景下，中国生态监测网络的建设规划研究应运而生，旨在为生态监测提供全面、系统的解决方案。

纵观各国在生态监测方面的进展，我们可以发现几个明显的趋势：一是结合遥感技术与地面观测，从宏观和微观视角全方位评估生态质量；二是网络设计趋向一体化，关注全球生态质量变化，并强调国际合作的重要性；三是生态质量评估从现状评估向风险评估转变，为生态质量提供早期预警信息；四是信息管理注重标准化，广泛应用地理信息系统，并加强国家间的数据交流。

随着经济的持续增长，全球环境问题、人口增长压力以及资源减少等挑战日益严峻。人们对环境质量的要求不断提高，传统的环境监测方法已难以满足现代社会需求。生态监测因其能够全面、系统地反映环境质量状况而逐渐显现出明显优势。国内外对这一领域的研究与关注日益增多，有望在未来成为评估环境质量的核心手段。

二、生态监测技术大纲

在开展生态监测活动之前，首要任务是确立明确的技术指导大纲。我们应依据国家在不同时期的发展规划以及社会经济建设对环境与资源的需求变化，结合我国的国情和实际情况，制定出适合我国的技术大纲，以此作为未来相关工作的基石。技术大纲的核心在于明确生态监测的基本定义、工作范畴，并规划出相应的技术路线。同时，它还需提出应优先监测的主要生态问题，并针对我国的主要生态类型和微观监测，制定出相应的指标体系。此外，根据现有的分析能力，技术大纲还应筛选出常用的监测指标分析方法。

（一）优先监测的生态项目及生态台站的选定

在我国进行生态监测时，以下生态项目被赋予首要监测权限：监测全球气候变暖导致的生态系统或动植物群落位移；监控稀有和濒临灭绝动植物种类的地理分布及其生活环境；监控水土流失的面积、时空分布及其对环境的影响；监控沙漠化区域的面积、时空分布及其对环境的影响；监测草原沙化退化的面积、时空分布及其对环境的影响；监测土地荒漠化的面积、空间分布与环境变化。同时，还需监测人类活动对陆地生态系统（如森林、草原、农田和荒漠等）结构和功能的影响；监测大气环境污染对大气环境及气候的影响。对于水体生态系统，包括湖泊（含水库）、河流和海洋等，需监测水环境污染对其结构和功能的影响；还需进行土壤污染与防治现状监测，污染控制效果监测，生物多样性保护状况监测以及生态安全评估。主要的环境污染源监测涵盖农药、化肥、有机污染物及重金属在土壤、植物和水体系统中的流动和转变的实时监控；对水土流失地、沙漠化地和草原退化地的生态平衡进行优化治理模式的监测；在各生态系统中，监测微量气体的释放量和吸收情况。

生态监测台站分为两大类：生态监测平台和野外生态监测站。生态监测平台应具备一定规模、较高自动化程度和较大信息量，同时提供必要的数据及图形资料。它不仅需要遥感技术作为支撑，还必须配备足够大容量的计算机和航天信息处理设备，使其成为宏观监测活动的基础设施。野外生态监测站则需完备的室内外分析观测设备支持，并配备计算机等信息处理系统，以实现监测网络内信息的共享。理论上，生态环境监测平台和野外生态监测数据均可通过遥感数据表达。在微观监测领域，野外生态监测站构成工作的核心基石，并在一定条件下可作为宏观监测的主要手段之一。

选择生态监测台站时，必须充分考虑区域内生态系统的代表性和典型性，以及台站在整个区域内的可控性。确定监测点位时，应根据当地生态环境特点选择合适的测点类型和位置，同时考虑所需投入的人力物力财力以及与其他专业监测单位之间的协作关系。在较大的观测区域内，至少需配置一个观测站和多个户外观测站。

（二）生态监测主要类型的指标体系的确定

生态监测指标体系主要涵盖野外生态站在地面或水面上的监测项目，反映区域内生态系统及其组成部分的相互关系以及与外界环境的相互作用。在构建该指标体系时，首要考虑的是生态种类和系统的完整性，确保所选指标全面覆盖生态系统的各个部分。同时，还需充分考虑各子系统间的相互联系及其对整个生态环境变化的影响。基于此，陆地生态站的指标体系划分为六大部分：气象要素、水文要素、土壤要素、植物要素、动物要素和微生物要素；而水文生态站则细分为八个主要部分，包括水文气象要素、水质要素、底质要素、浮游植物要素、浮游动物要素、游泳动物要素、底栖生物要素和微生物要素。这些要素均按不同标准划分为若干等级或类别，并为每项要素配备了标准指标，根据生态站的特性、生态系统种类及生态干扰方式设定具体指标，从而建立一套完备的生态站指标体系。

以陆地生态系统为例，其涵盖农田生态、森林生态和草原生态等多个组成部分，而水生生态系统则进一步分为海洋和淡水两大类。每种生态系统都有其独特的生态属性，因此需制定相应的评估指标。在制定指标时，必须深入考虑生态系统的各种功能及不同生态类型间的互动关系，同时兼顾指标对区域生态环境质量评价的影响程度和可操作性。此外，生态监测指标体系还应纳入大气与陆地、陆地与水域以及大气与水域间物质和能量迁移与转换的相关指标，并考虑监测方法对研究对象性质的影响。

在具体的生态监测任务中，可根据生态站规模、建设目标和课题种类等实际因素，进行双因素、多因素、单生态系统乃至多生态系统的综合监测。这样可使生态环境质量监测更全面地反映环境质量变化过程及其影响因素，为环境管理部门提供科学依据。因此，在确定生态监测指标体系时，应依据监测内容，充分权衡指标的代表性、全面性和实用性；同时考虑监测对象与目标的差异及数据来源的广泛性。对于相同生态类型的监测，不同监测台站应遵循统一的指标体系，以确保数据可比性；而根据监测项目的独特性，各监测台站可增添特定指标以凸显其特色。对于同一地区或相同时间内不同监测点所获得的数据，不能简单地进行相加或相减处理。

评价指标体系应全面反映生态系统的各个层面及主要生态环境问题，并以结构和功能方面的指标为主导。监测指标体系应体现整体性和综合性特征，同时注意与其他监测方法相结合以相互补充。在宏观监测中，可根据监测项目选择合适的数量和强度指标；而微观生态的监测标准则应涵盖生态系统的所有部分并能揭示主导的生态活动。

（三）不同类型生态站的指标

1. 森林生态系统监测站

（1）气象要素指标

常见的气象指标包括：气温、湿度、风向、风速、降水量及其分布情况、蒸发量、土壤温度梯度、日照和辐射的收支情况。选取的评价标准有：大气中的干湿沉降物及其化学成分，树冠的径流量和化学组成，以及林间 CO_2 浓度及其变化趋势。

（2）水文要素指标

常见的测量指标包括：地表径流量及其化学成分（如 N、P、K、Ca、Mg、Na、S、有机物）、地下水位。指标选择时考虑了泥沙流失量、颗粒组成及其化学成分（如 N、P、K、Ca、Mg、Na、S、有机质），以及附近河流的化学组成。

（3）土壤要素指标

常规土壤指标包括：土壤养分含量和有效态含量（如 N、P、K、S）、pH 值、交换性酸及其成分、交换性盐基及其成分、阳离子交换量、土壤有机质含量、土壤颗粒组成、团粒结构、容重、孔隙度、透水率、饱和水量和凋萎水量。评价标准包括：土壤中元素背景值、矿物质总量、土壤中 CO_2 释放量及季节性变化。

（4）植物要素指标

标准指标包括：植物种类和组成，反映植物群落和种群的密度、覆盖范围、生物量、生长速度、凋落物数量及化学构成和分解速度，以及热量、光能和水分的平衡。标准还包括：稀有植物及其物候特性，森林各器官的生物量和化学构成。

（5）动物要素指标

常见评价指标包括：动物种类、种群密度、生物量及其时空变化、能量与物质平衡及热值。标准还包括：稀有野生动物的数量及变化趋势，以及动物的灰分、蛋白质、脂肪含量和必要元素。

（6）微生物要素指标

常见数据指标包括：生物种类、分布模式、密度及其季节性变化趋势，生物量和热值。评价指标包括：土壤酶的种类和活性、呼吸强度、元素含量和总量，以及固氮菌的生物量和固氮能力。

2. 草原生态系统监测站

（1）气象要素指标

气象要素的常规指标与森林生态系统一致，主要包括气温、湿度、风向、风速、降水量、蒸发量等。在此基础上，选取了气温和降水作为影响草原生态功能的主要评价指标。评价标准包括：大气中CO_2浓度及其变化趋势，以及大气中干湿沉降物的数量和化学成分。

（2）水文要素指标

水文要素指标与森林生态系统的水文常规指标和特选指标相同。

（3）土壤要素指标

土壤要素指标与森林生态系统的土壤常规指标和特选指标一致。

（4）植物要素指标

植物要素常规指标与森林生态系统相同，包括植物种类、种群密度、生物量等。特选指标则包括珍稀物种及其物候特征。

（5）动物要素指标

动物要素指标与森林生态系统的动物常规指标和特选指标相同，包括动物种类、种群密集程度、生物量等。

（6）微生物要素指标

微生物要素指标与森林生态系统的微生物常规指标和特选指标一致，包括生物种类、分布模式、密度及其季节性变化等。

3. 荒漠生态系统监测站

（1）气象要素指标

荒漠生态系统的气象要素指标与草原生态系统基本一致，包括气温、湿度、风向、风速、降水量和蒸发量。由于荒漠地区的特殊气候条件，可特别关注降水量的时空分布及其不确定性。

（2）水文要素指标

在荒漠生态系统中，水文要素的指标有所调整。去除了泥沙流失量、颗粒组成、地表径流量和化学组成等指标，更注重地下水位变化和稀有降水事件的影响。

（3）土壤要素指标

土壤要素指标在保留草原生态系统的基本指标（如土壤养分和 pH 值）外，还增加了土壤中盐分及其成分、土壤的碱饱和度、土壤的风蚀程度，以及沙丘的动态变化等监测指标。这些指标有助于理解荒漠化进程和土壤退化的程度。

（4）植物要素指标

植物要素指标与草原生态系统相似，包括植物种类、种群密度和生物量。但需特别关注耐旱植物的生长状况、植被覆盖变化及盐生植物的分布。

（5）动物要素指标

动物要素指标与草原生态系统相同，包括动物种类、种群密度和生物量。特别注意稀有或适应性强的荒漠物种及其种群动态。

（6）微生物要素指标

微生物要素指标与草原生态系统基本一致，包括生物种类、分布模式和季节性变化。但荒漠生态系统中，应特别关注少量降水对微生物活性和土壤呼吸强度的影响。

4. 农田生态系统监测站

（1）气象要素指标

气象要素常规指标与森林生态系统相同。选定的指标包括大气干湿沉降物的量及其化学成分，大气 CO_2 浓度及其动态变化。

（2）水文要素指标

常规水文要素指标与森林生态系统一致。此外，还考虑了植被覆盖率、土壤有机质含量、土壤质地和土壤水分状况。在选择指标时，我们关注泥沙流失量及其颗粒组成，以及泥沙和径流中携带的农药（如 DDT、有机磷等）和其他有害物质（如 Pb、Cd、Hg、Ni、Cr、F、As 以及多环芳烃）的数量。此外，还研究了泥沙的化学成分、附近河流或水库的水质和化学组成，以及农田的灌溉量、渗透量和蒸发量。

（3）土壤要素指标

常规土壤要素指标与森林生态系统一致，但在不同植被类型下有显著差异。选取的评价指标包括：土壤中的元素背景值、矿物含量、土壤中 CO_2 和 CH_4 的释放量及其季节性变化，以及土壤中农药、重金属和其他有害物质的累积情况。还涉及稻田的氧化还原电位、盐碱地的总盐分和八大离子含量、土壤碱饱和度，以及化肥和有机肥的使用量。

（4）植物要素指标

常规植物要素指标包括作物的地上、地下及种子的生物量和化学成分，以及热量、水分和光能的收支情况和土壤养分状况。选择的标准包括果实或种子中农药、重金属、硝酸盐、亚硝酸盐等有害物质的浓度，以及作物的粗灰分、粗蛋白、粗脂肪和粗纤维含量。

（5）动物要素指标

常规动物要素指标与森林生态系统一致，涵盖土壤元素和微量元素在林分中的分布规律。选定标准包括动物体内的农药、重金属、硝酸盐和亚硝酸盐等有害物质的含量。

（6）微生物要素指标

微生物要素指标与森林生态系统的常规和特选指标相同。

5. 水生生态系统监测站

（1）水文气象要素

常规指标包括：水温、水深、水色、透明度、气温、风向、风速、降水量及其分布、蒸发量、日照和辐射。选定指标为海况。

（2）水质要素

常规指标包括：pH、碱度、酸度、Eh、蒸发残留物、悬浮固体（SS）、化学需氧量（COD）、生化需氧量（BOD_5）、氯化物（Cl^-）、溶解氧（DO）、氨氮、亚硝酸盐、硝酸盐、酚、氰化物、硫化物、重金属元素（如汞、铬、铜、铅、锌、镉、铁、锰、砷）和农药的含量。选取的评估标准为油类的种类。

（3）底质要素

常规指标包括：颜色、粒度分析、有机物、总氮、总磷、pH、Eh、总汞、甲基汞、镉、铬、砷、硒、铅、锌、氰化物及农药。根据评价结果对不同地区进行综合评估与分区研究，并提出相应的治理对策建议。选取的评估标准为硫化物、COD 和 BOD_5。

（4）浮游植物要素

常规指标包括：浮游植物的总生物量、群落组成和数量（定量分类），以及优势种的动态变化；水体理化因子及生物环境对藻类生长和分布的影响。选定的标准是浮游植物中有毒物质的残留量。

（5）浮游动物要素

常规指标包括：小型、中型和大型浮游动物的群落结构、种类和总数量，以及优势物种的变化趋势和总生物量；主要有害藻类的种类及其数量。选定的标准为浮游生物体内有毒物质的残留量。

（6）底栖生物要素

常规指标包括：生物量、群落结构及组成（定量分类）、种的丰度或覆盖面积及优势种动态。选定的指标为有毒物质残留量。

（7）微生物要素

指标为细菌和大肠杆菌的总量、分类及生化活性。

（8）游泳动物要素

常规指标包括：个体种类与数量、年龄结构与丰富度、现存量、捕获量和生产力。选定指标为残毒分析、致残量和亚致死量，以及酶活性（P450 酶）。

（四）生态监测指标分析方法的选定

在生态站中，为确保站点间数据的有效比较和交流，应统一遵循相同的样本采集、数据分析和测量方法。基于此建立的标准操作规程，将为未来不同区域或同一地区的生态环境质量评价提供科学依据，构成生态监测标准化的根本保障。我国多年来在土壤、植被等方面的研究已积累丰富经验，因此，建立规范且标准的指标体系显得至关重要。然而，必须正视的是，我国目前的研究基础与规范化、标准化的要求仍存在较大差距。在科学研究领域，尤其在生物要素的监测方面，统一方法面临诸多挑战。因此，制定国家或地区生态监测网规划时必须充分考虑这些问题。实际上，这一问题在全球生态观测项目中也是普遍存在的。即便是美国的长期生态研究项目，严格来说，也仅有凋落物分解这一环节真正达到了规范和标准化的标准。所以，为提升我国的生态环境质量，必须加强相关研究与实践，而非仅局限于理论探讨。尽管如此，生态监测的标准化和规范化仍是我们应坚定追求的目标。

在制定生态监测指标的分析方法时，应遵循以下原则：若国家已针对该项目制定分析方法标准，则应采用国家标准方法；若国家尚无相关规范，则推荐使用学科内的权威分析方法进行分析。

第三节　生态监测技术方法与方案

一、生态监测技术方法

（一）优先监测的指标体系

1. 优先监测指标的主要特征

各子系统的生态监测指标均为初步筛选出的关键指标。在监测条件允许的情况下，这些指标应纳入各子系统的监测计划中，以更全面地揭示各子系统的生态学特征及生命支持能力。目前常用的一些生态评价指标体系，例如生物量、土壤有机质等，同样可作为监测计划的重要组成部分。然而，由于不同时间段和工作系统中实际监测能力与条件的限制，将这些指标完全纳入工作计划可能面临困难。因此，在实际操作中，需要进一步筛选和优化这些指标，特别是那些最关键、最基础的指标，以确保在满足监测需求的同时，准确反映生态系统所面临的主要问题。

优先监测的指标体系并非随意设定，也并非完全基于现有监测能力条件来确定；其内容应涵盖生态系统结构与功能、环境状况及环境质量三个方面。在选择优先监测指标体系时，必须确保它符合评估生态系统生命支持能力的基础标准，并具备以下核心特性：

（1）针对性

生态系统中众多关键指标展现出随时间波动的稳定性，同时，生态系统固有的自我恢复与再生能力使其对外部环境微小变化具有强大缓冲作用。这两大特性决定了这些指标在长期内保持稳定，且可通过特定方式维持。因此，许多指标无需频繁测量，通常每隔几年进行一次以反映可能的长期累积变化，这为优先监测指标的选择提供了更多空间。在此情况下，我们通常将稳定、长期积累且具一定稳定性的指标作为优先监测对象。优先考虑的指标主要聚焦于与生态系统或外部环境变化最大影响因素相关的指标，如与污染及农工业生产开发生态效应相关的指标。

（2）适时性

在不同历史时期或阶段，由于人类活动特性与强度的差异，生态系统所面临的压力及主要问题也会有所不同。因此，优先监测指标的选择会根据实际情况进行相应调整。在制定优先监测指标体系时，必须综合考虑上述因素。例如，我国目前面临的主要问题是高度污染与经济开发，而生态系统保护技术及措施相对薄弱。因此，与当前污染和开发影响相关的生态指标应被优先考虑。在制定优先监测指标时，我国主要依据“三废”排放标准进行判断。未来随着污染种类、形式及开发影响的变化，监测的主要指标也会相应调整。在“十二五”规划中，我国已明确环境保护在国民经济发展全局中的战略地位，并提出建设环境友好型社会的战略目标，这将推动环境监测体系向更高层次发展。同时，现有监测能力、技术及设备水平以及对生态系统的了解程度等因素也是确定优先监测指标时不可忽视的条件。

（3）系统类型

不同的生态系统具有独特的生态指标特征，因此它们的优先监测指标也各不相同。例如，在水域生态系统中，水体透明度对植物光合作用和水生生物生存状况具有显著影响，然而，在陆地生态系统中，此类优先监测指标则不太可能存在。

2. 优先监测指标确定的原则

（1）重点与全面兼顾的原则

生态系统对生命的支撑能力由众多因素共同构成。为了进行更好的系统评价，必须建立一套完整且科学的生态系统健康指数体系。各个生态子系统的监测指标是经过初步筛选的关键指标，通过这些指标的组合，我们可以更全面地了解每个子系统的生命维持能力。在构建重要优先指标体系的过程中，应从三种不同类型的指标及其组合中进行筛选，以确保指标具有全面的代表性。

在选择重点优先的监测指标时，应遵循以下三个基本原则：首先，要选取当前最容易受到外部力量影响且变化最快的指标作为优先监测指标。同时，应考虑这些指标对其他指标的影响以及指标体系自身的局限性。例如，经济开发的影响相关指标、污染指标、人口与经济状况指标、土地使用变化指标以及受人类活动影响的生物指标，都是目前容易调整的指标类别；在评估生态系统的生命维持能力时，选择关键指标作为首要监测指标至关重要。例如，生态环境和面积的变化，以及灾难和人为破坏的程度等因素；反映系统内部功能关系的主要生态因子应列为重点监测指标。具有综合代表性的指标应被优先考虑。这些指标在不同层次上的代表性，往往受多种因素影响。例如，区域工农业产量和产值、生态系统的生物量、生产效率、产投比等关键指标，其具体数值由区域或生态系统内的各种条件决定，这为生态系统的生命维持能力提供了全面的代表；这些指标可以作为衡量区域生态环境状况的依据，如森林覆盖率、草地覆盖度、土地退化率等。此外，这些也是关键的生态经济指数，通常应被优先考虑作为监测指标。

（2）兼顾现有监测能力与紧急监测指标的原则

在确定当前的首要监测指标时，我们必须基于现有的监测经验和实际能力，优先考虑那些属于污染生态的指标。目前，世界各国所采用的主要环境指标体系通常是针对特定区域或污染源而设计的，旨在了解该区域的环境质量状况并预测其未来发展趋势。在我国，由于人口众多和经济高速增长，环境保护措施相对滞后，经济活动给生态系统带来了巨大压力。这导致生态系统的某些关键指标因开发压力而迅速变化，因此，对这些指标的持续监测在现阶段显得尤为重要。另外，鉴于国内尚缺乏一套完整的监测指标体系，我们有必要建立一套能反映我国现状特点的综合性监测指标体系，以满足未来生态环境建设的需求。为了将人口增长和经济扩张对生态环境的不良影响控制在最小限度内，我们在当前的生态监控体系中不应忽视这些关键指标。同时，由于国内目前尚无一个系统完备的监测指标体系可供借鉴，因此，我们有必要设立一些专门用于监测环境状况的指标，例如生物多样性指数等。为此，国家和相关部门应加大对生态监测体系的支持力度，监测体系自身也需克服各种困难，努力提升监测能力，并将这些急需监测的指标纳入优先监测范围。

（3）优先监测指标逐步完善的原则

各生态子系统应密切关注指标体系，这是基于当前实际状况和认知水平来确定的。历史上，一些重要指标如人口增长率等，在一定时期内常被作为常规或主要指标加以强调。目前，由于监测能力的限制，这些指标需随监测能力的提升而逐步纳入常规监测中。在现有条件下，某些指标尚未正式纳入优先监测指标范畴，因此需根据实际情况进行动态调整。此外，随着未来社会经济的发展和人们对变化理解能力的增强，可能会出现更符合当时需求的新监测指标，这些指标应持续纳入优先监测指标范畴。同时，在今后较长时期内，随着人们对生态环境重要性认识的提高，一些原被列为优先监测指标的项目可能会逐渐减少或不再作为优先监测指标。有些目前被视为优先的监测指标在未来可能重要性降低，因此可考虑从优先监测指标范畴中撤出。同时，还需关注监测内容与方法的改进，特别要重视建立适合我国国情的指标体系。总的来说，我们需根据实际状况和客观需求进行适当调整，遵循逐步发展和不断调整的总体原则，以确保生态监测能够紧密服务于生态系统评估和国民经济发展的需求。

（4）尽量采用可用的调查和统计资料的原则

生态监测覆盖了广泛的领域，目前许多有意义的指标已通过相关部门的常规操作完成了监测、研究和统计工作。例如，农林业、水文、气象等相关部门都会发布常规的调查统计数据。在这些生态子系统中，通常有60%～70%的生态监测指标可以从现有的常规调查统计数据中获得，而无需生态监测人员亲自进行监测。因此，目前生态监测技术主要以常规观测为主的综合性监测方法为基础。生态监测者的主要职责是收集和整理这些现有数据，以供生态监测和评估使用。在当前信息技术快速进步的背景下，生态监测系统应优先加强信息处理和工具的使用，最大限度地利用现有的数据资源，避免重复工作和资源浪费，同时增进合作与信息共享，通过信息的应用来增强生态监测和评估的能力。

（二）各类生态子系统的优先监测指标

1. 自然陆生生态系统

目前，森林生态系统的关注焦点应集中在以下几个方面：污染（如 SO_2、酸雨、O_3）对森林生态的具体影响、森林的生长速度、火灾与虫害的影响、酸雨导致的土壤酸化、森林面积的变化、森林的开垦与破坏情况，以及林区生物多样性的变化（尤其是稀有和濒危物种的变化）。

荒漠生态系统的主要关注点应集中在荒漠化面积的扩张、标准荒漠化区域的植被数量、过度放牧和伐木的情况、荒漠地区的水系变化，以及人口和农牧业发展指标。

2. 农业生态系统

对农田（包括农垦区）的生态系统，应重点关注土壤、农作物和农用水源的污染，土地使用的变化，农区植被的破坏，病虫害的发生情况，天敌物种的变化，农垦区野生动物的变化，以及农用生物种和品种数量的变化。

草地生态系统的研究焦点应集中在草地面积的变动、草地生产能力的变化、放牧活动的强度、草地沙漠化的程度及其发展方向，以及南方草地的开垦和水土流失等关键指标。

水产水域生态系统的主要关注点应集中在水体污染和富营养化、水体使用模式的变化、水域面积和水资源的枯竭状况、养殖和捕捞活动，以及水产物种的变化等方面。

3. 淡水生态系统

淡水生态系统与水产水域的主要指标相似，特别是在湿地方面，还需特别关注重要水鸟、两栖动物和兽类的物种及其种群变化。

4. 海洋生态系统

海洋生态系统与水产水域生态系统的主要指标相似，但还需密切关注赤潮的出现、河口的流量和水质变化、海岸线的开发与利用、石油开采带来的污染及其对生态的影响等关键指标。

（三）植物要素指标的测定

1. 生物量

生物量是指在某一特定区域和时间内存在的生物体的数量，也称为现存量。它不仅与物种有关，还受群落结构和生境条件等因素的影响。在众多的植被类型中，热带雨林的生物量最为丰富，对环境的适应性也最强。因此，研究热带雨林植物的生物产量对评价其生态系统功能具有重要意义。

为了测定生物量，我们采用了样地调查和收割的方法。在方法中，我们为每个植物个体设定了固定位置，并将植株根部与土壤分开来进行观测。在选择样地面积时，森林的面积为 1 000 m^2，疏林和灌木林的面积为 500 m^2，而草本植物或森林的草本层面积为 100 m^2。在选择样地时，应以最小的劳动力消耗和最高的准确性为准则。在确定了样地后，我们依次测量所有立木的高度、胸高直径等指标，以及草本和灌木层的高度、盖度和频度，然后根据不同的植被类型来确定其生物量。

虽然草本层的生物量测定相对木本层更为简单，但由于种类分布不均匀和生物质积累的季节性特点，这常常会影响测定的准确性。因此，对于草本层中的主要物种，如紫茎泽兰和马齿苋等，应根据其生活史中的不同阶段来确定适宜的采收期。在取样过程中，我们需要特别关注物候期，并选择生物量最为丰富的区域进行割样和称重。草本层中的乔木层应根据灌木层与草本植物间的竞争关系来确定，并将其定位于下层位置，以便于分析。

在对草本层样地进行调查时，除了详细记录植物的高度、盖度、频度和物候期，我们还引入了丰满度的概念，它描述了某种植物在其生命周期中的位置和饱和程度，并通过植物的相对高度（%）、盖度（%）和频度（%）的乘积来表示。这种方法可用于确定某些草本植物在整个生长期中所占的位置。在特定的空间范围内，一个植物的丰满度越高，它的生物量也就越丰富，因此其在整体生态系统中的地位也越重要。

2. 生长量

生物生产力主要通过生长量来衡量。因此，研究植物生产力的高低，必须以植物生产量为依据。绿色植物的生产能力是生物生产力的核心，即每单位面积内的植物产量。这包括地下的根状茎和根茎部以及叶片等营养器官。绿色植物的产量指的是在特定时间段内，植物体内积累的数量。若将这些植株从地下移植到地面再种入土壤，这一过程称为再生栽培。

通常情况下，草本植物在越冬期间，其地上部分会枯萎，但存活下来的部分则是当年新长出的。因此，可以将草本植物地上部分的最大现存量作为其生长的指标。对于生长周期为一年的草本植物，其生长量与生物量相等，而一年内两次种植的作物，其生长量则是生物量的两倍。

3. 物种量（植物种类及组成）

物种量是指在群落的单位面积内存在的物种数量，通常以物种数每公顷（物种数/hm^2）或每亩（物种数/亩）来表示。这一指标用于衡量生物多样性水平，是生态学研究中的一个重要参数。

物种量不仅反映了一个区域内生物的丰富程度，还能提供有关生态系统健康和稳定性的重要信息。高物种量通常表明该区域的生态系统功能较为完善，能够支持多样化的生态关系和复杂的食物网。因此，物种量是环境评估、保护生物学和生态规划中的关键因素。

影响物种量的因素有很多，包括气候条件、土壤类型、地形特征以及人类活动等。例如，在热带雨林中，由于气候湿热、土壤肥沃，物种量往往较高。而在沙漠或极地地区，由于环境条件较为严苛，物种量可能相对较低。

此外，物种量的变化可以指示生态系统的动态变化。例如，外来物种入侵可能导致物种量的增加，但同时也可能对本地物种构成竞争压力，从而导致本地物种数量的减少。这种变化需要被密切监测，以便及时采取保护措施。

4. 凋落物

凋落物是森林生态系统的关键组成部分，尤其在热带林中尤为重要。森林凋落物主要包括枯枝落叶、落叶林土分解形成的腐殖质，以及由昆虫和其他微生物活动产生的有机物。每年，森林的凋落物会将大量有机物质返还给土壤，这构成了养分循环的物质基础。研究表明，森林更新后，凋落物的分解速度加快，其质量也不断提高。由凋落物组成的林褥层是森林的保水和培肥功能层，在保持和增强土壤肥力上发挥着至关重要的作用。

本书对广西平乐县大坪林场不同树种人工林的凋落物进行了采集和分析研究。采样步骤如下：在森林内部安装一个尺寸为 1 m×1 m×1 m 的收集框，该框离地面 30 cm，并在每个月或半个月进行称重收集。采集后，凋落物立即进行粉碎和过筛处理。凋落物的化学成分对物质循环过程中的返还数量和品质产生影响，其主要的营养成分包括氮（N）、磷（P）、钾（K）、钙（Ca）和镁（Mg）。

5. 频度

频度是生态学中表示一个种群在特定区域内出现均匀程度的指标。它反映了某一物种在一定区域内的分布情况，是植物群落结构特征分析的重要组成部分。为了测定频度，通常需要在群落范围内设置一定数量的小样方，然后统计每个小样方中物种的出现与否。

小样方的大小和数量通常根据测量对象和研究目标来确定。对于植被高度较低且均匀的草地或灌木丛，小样方可以较小，而对于树木密集且高度变化较大的森林，则需要较大的样方。此外，样方的数量也应足够多，以保证数据的可靠性和代表性。

频度可以用于比较不同物种在同一生境中的分布情况。高频度表明该物种在区域内分布广泛，对环境条件的适应性强，而低频度则可能表示该物种对生境条件的要求更为苛刻或受到其他因素的限制。通过分析频度，可以为制定生态保护策略、恢复生态系统以及管理生物多样性等提供科学依据。

此外，频度分析还能结合其他生态学指标（如盖度、密度等）更全面地理解植物群落的构成和动态变化。这对于保护生态系统平衡、研究生物入侵、生态恢复等方面具有重要的应用价值。

6. 盖度

盖度可以分为投影盖度和基部盖度两大类。盖度的大小并不是由植株的数量决定的，而是取决于植株的生物学属性，例如体形、叶面积等。投影盖度指植物地上器官的垂直投影所覆盖的土地面积，以百分比表示。基部盖度，也被称为纯盖度，描述的是植物基部实际占据的区域面积。

在植物的生态群落中，我们可以通过各种方法测量植物的盖度。在草原上，通常采用地面调查法来测得树冠层或冠下土壤表面的投影盖度。在森林生态系统中，上层树冠的盖度通常具有显著影响。树冠的不同程度郁闭会对下层环境条件（尤其是光照和湿度）产生不同程度的影响，进而直接决定下层植物的种类、数量及其生存状况。因此，确定一个树种或同一树种中不同群体的盖度值是非常重要的。

测量盖度有多种方法，最常见的是目视测量，通常用百分比来表示。在野外调查中，基部盖度常用来表示一个物种或某一区域植被中最具代表性的植株所在部分。该方法主要应用于草本生态系统，其核心目的是通过计算草丛底部的盖度来分析群落以及不同种类植被的盖度。

本书介绍了一种简单快速的基部盖度测定方法——方格网法。这种方法使用一个 1 m^2 大小的木架，并用线将其划分为 100 个 1 dm^2 的小格子，进行直接测量和计算。这种方格网法为调查草原土壤中的基部盖度提供了一种有效的手段。

7. 多度

多度描述的是一个物种在生态群落中的数量。它不仅能反映林分密度与生产力之间的关系，还可以揭示林木生长过程的动态变化规律。为了准确把握这些关系，我们需要对森林群落进行监测和分析。目前，国内外已广泛采用多尺度和多重比较等方法来测定林分或树种的多度。

在多度的统计方法中，通常分为两大类：一种是基于个体的直接计算方式，而另一种是基于肉眼观察的估算方式。对于不同的研究目标，个体直接计算所需的统计面积是不同的，通常是整个群落的最小部分。

在对森林群落中的乔木和灌木进行监测研究时，个体的直接计算方法被广泛应用。这主要是因为森林中的乔木具有较长的生命周期，在一个特定的样地里，包括了各种不同生长阶段的种群。乔木是群落的主体或基本骨架，其在高度、粗度和盖度等方面存在显著差异。如果不对每一棵树进行详细调查，我们将无法准确了解乔木种类在数量上的具体特性，这将影响群落结构和动态变化的监测分析。

目测估计法是一种相对简单的统计手段，其优势在于速度快、使用便捷，特别适合于勘查性研究或对某些关键工作类别或级别进行调查。这一方法在工程应用中较多，具有较高的主观性和依赖实践经验。本书对目测法和数理统计法在实际应用中的差异进行了分析和比较。目测法基于预先设定的多层次分类来进行估算。

二、生态监测技术方案

生态环境的复杂性、生态影响的长期性以及从数量变化到质量变化的特性，决定了生态监测在生态环境管理中的特殊重要性，也是一个重要的生态环境保护措施。生态监测包括对自然过程和人为活动的监测，其中后者又可以分为施工期与运行期两个阶段。在生态监测方面，既包括施工期间的生态监测，也涵盖了长时间的生态追踪监测。

（一）生态监测的目的

1. 了解背景

为了更好地理解生态环境的背景，我们需要持续观察和研究，深入了解其独特性和内在规律。由于环境问题的复杂性，我们必须在不同层次上进行广泛而深入的调查研究，才能获得更多有意义的资料，以作出正确的判断和决策。例如，如果没有长期的观察和研究过程，就很难全面掌握作为保护目标的某些野生生物及其生活环境的特性。

2. 验证假设

假设验证是为了确认环境影响评估中得出的结论和推论是否准确，并且是否与实际情况相符。在建设项目的环境管理和环境保护中，必须通过各种形式的检验和论证，才可以确保决策的科学性和民主性。这样的验证不仅对评估项目有帮助，对于类比研究和推动生态环境影响的评估工作也具有深远的意义。

3. 跟踪动态

跟踪动态即是监测生态环境中实际发生的变化，及时发现环境影响评价中未曾预料到的重要问题，并能够采取相应的补救措施。这有助于不断完善环境管理和保护策略，确保生态系统的健康发展。

（二）长期的生态监测技术方案

（1）明确监测目标或确定需要识别、解决的关键问题。根据项目特点和环境目标，制定监测计划，并对已开展的工作进行总结与回顾。通常，纳入监测范围的问题都是敏感、关键且短时间内难以完全理解或掌握的。在实际工作中，若忽视这些问题，就容易导致监测出现偏差或失误。如果环境影响评估的生态监测仅限于环境影响报告书中明确指出的问题，而未进行全方位的生态环境监控，则可能无法全面掌握实际情况。

（2）明确需要监测的项目或具体目标。虽然利用现有监测数据可以较全面地分析区域内的生态环境状况，但往往难以揭示环境质量变化趋势及其原因。为了更好地理解或解决问题，我们选择最具代表性或能准确反映环境变化的生态系统或生态因子作为监测目标。例如，人类活动和社会经济发展所引起的自然因素改变，如城市扩张、土地开发、森林砍伐等，均可能导致生态环境恶化。当我们以受法律保护、稀有、濒临灭绝的生物或特定地区的生物作为监测目标时，可以直观地掌握保护目标的最新动态；同时，对人类活动引起的自然因素导致的生态环境质量下降进行重点关注。选择对环境变动高度敏感的生物作为监测目标，能够准确评估环境的实际影响及其变化幅度。因此，在生态环境监测中，必须将这些内容纳入监测范围并进行综合分析。此外，当我们以土地使用或植被作为监测目标时，可以更好地了解该区域的城市化趋势和土地使用强度，同时评估植被恢复措施的实际效果。选择合适的监测目标至关重要。

（3）确定监测的具体位置、频率或时间，并细化方案的详细内容。

（4）制定监测手段和数据统计的标准，以便有效积累和对比监测数据。目前，我国大多数自然保护区已建立相应的监测制度和技术规范，为保护区开展生态环境建设提供了有力保障。规范化的生态监测方法需要严谨、科学和细心。在缺乏规范化方法的情况下，可以暂时采用资源管理部门的通用方法、生态学的常规方法或科研中常用的方法；但一旦规范化方法确定，就必须持续使用。

（5）建立相应的保护措施。由于生态监测可能持续数年并伴随整个建设项目，因此制定清晰且全面的实施保障措施尤为重要。这包括对投资的预估（如初始成本、维护成本、年度开销）、技术设备准备、人员配置、监控和检查机制的建立、保障措施的完善以及在意外事故发生时的紧急应对策略等。

第五章　生态保护的优先原则

第一节　生态保护的开端——环境资源利用

作为人口众多、经济强大的国家，我国过去、现在乃至未来都面临着巨大的社会、经济以及自然生态方面的压力。随着经济社会快速发展和工业化进程不断推进，环境资源问题日益凸显，已成为制约可持续发展的重要因素之一。尽管我国在环境资源开发和利用方面的强度和广度有所提升，为利益相关方和社区带来了经济利益，但同时也给环境资源造成了破坏性后果；另一方面，随着经济社会快速发展，人们越来越重视环境保护问题。那些计划开发和利用环境资源的经济行为，虽由利益相关方根据成本和收益精心策划，并可能为个人及整个社会带来巨大经济或社会利益，但也可能对已承受巨大压力的环境资源造成更严重的负面影响，甚至可能直接威胁到以资源为基础的陆地或水域生态系统。目前，由于缺乏专门针对环境保护领域环境资源的法律制度，导致环境资源在开发利用过程中存在诸多问题与不足。在当前背景下，为确保环境资源得到可持续利用并满足管理需求，对环境资源，尤其是脆弱生态环境资源，进行法律保护并规范人们的开发行为至关重要。

一、资源不合理利用对生态安全的影响

环境资源的自然生态特性体现在其整体性和系统性上。环境资源及其周边的生物群落和非生物环境共同组成了一个完整的生态系统。在这个生态系

统中，各个组成部分或要素之间存在着相互依赖、相互影响和相互制约的关系，形成了一个不可分割的整体。每个组成部分或要素都是一个完整的系统，具有不可替代的地位和功能。在自然界中，任何一种物质的存在形式总是与一定的能量转化过程相联系。如果对其中的任何一部分进行改变，无疑会对其他部分乃至整个系统产生直接或间接的影响。

人们在生产和日常生活中的各种活动可能给环境资源和生态系统带来负面影响，这些影响进一步威胁到人类的健康和生活。因此，保护生态环境资源和生态系统是当今时代面临的重大课题。各种环境资源生态系统都有其独特的特征，因此需要制定维护环境资源生态平衡和稳定的策略，并建立切实有效的生态灾害治理或缓解机制。只有这样，才能实现生态环境的持续发展，并促进人与自然的和谐共处。首先，我们需要明确环境危机或生态退化问题的根本原因。在此基础上才能找到解决环境危机的对策。因此，探究环境资源生态危机的根本原因尤为重要。环境危机的根本原因在于人类不合理地利用自然资源。人类的各种活动对环境资源自然演变过程的干扰，可能对生态系统的各个组成部分以及它们之间的相互关系带来直接的风险。其中，最主要的是对自然环境系统及其相关生物群体的侵害，以及由此引发的其他系列危害。当人类直接或间接地对生态环境造成侵害时，我们必须高度警惕那些可能导致空气、土地、河流和海洋受到污染和生态损害的危险或致命物质的使用。这些污染物可以通过各种途径进入人体，导致疾病和死亡。这样的污染与破坏往往是不可逆的。

在党的十一届三中全会之后，我国市场经济得到了全面激活。以经济增长为核心的策略，推动了市场经济从东到西、从南到北、从陆地到海洋的全面发展。在此背景下，中国经济迈入了快速增长期，经济增速成为衡量各项工作成效的重要标准。

然而，这种高速增长也带来了严峻的环境问题，尤其是对水资源的破坏显得尤为突出。粗放式的经济增长、掠夺性的资源利用、高能耗高消耗的生产生活方式，以及以牺牲生态环境为代价的经济增长和奢侈消费，都是不可持续的，违背了自然生态发展规律。

过度开发自然资源、大量开采地下水、森林砍伐以及不合理的人口分布，造成了严重的生态问题，环境污染日益加剧。这引发了一系列威胁人类生存的生态环境灾害，如土地荒漠化、生物多样性减少、水土流失恶化以及雾霾天气频发，给人类的身心健康带来了沉重负担。

随着人口增长和经济社会的快速发展，自然资源的过度开发已经严重威胁到我们赖以生存的自然环境。因此，人们逐渐认识到，在追求经济增长的过程中，不能以损害环境资源为代价，而必须走可持续发展的科学道路。

为了实现这一目标，建立完善的环境保护法律体系至关重要。为此，我国启动了一项涵盖陆地和海洋的全面生态环境保护立法提案，旨在通过法律手段保护环境资源，促进可持续发展。

尽管我国拥有辽阔的海岸线和丰富的海洋及岛屿资源，但传统上我们更偏向于陆地发展，相对忽视了海洋经济的开发。建国后，在计划经济条件下，国家对沿海地区实施了以沿海为主的开放战略。随着我国改革开放政策的不断推进，内陆及沿海地区的经济得到了飞速发展。特别是在沿海地区，大量外资涌入，产业结构发生了巨大变化，沿海城市迅速崛起，带动了整个国家区域经济的快速发展。然而，由于我国的经济增长模式偏向粗放型，这种不合理的经济结构导致了整体经济的非持续性。在经济高速增长的同时，自然资源遭到了掠夺性和破坏性的利用，尤其在沿海地区，大量人口向沿海城市集中，引发了严重的环境问题。这种情况一方面导致陆地自然资源极度匮乏，另一方面也使得生态环境逐渐恶化。

为了解决这一矛盾，国家提出了“可持续发展”战略。鉴于陆地资源的稀缺性和生态环境的持续恶化，人们开始将发展焦点转向海洋，海岛资源的核心地位日益凸显。近年来，随着海洋渔业、水产养殖、旅游业等新兴产业的兴起，我国沿海地区出现了大量无居民海岛。然而，对于海岛，尤其是无人居住海岛的开发和利用，其范围和强度之大都令人震惊。这种掠夺性的资源使用方式已经加剧了从陆地到海洋的环境恶化趋势。因此，必须加强无居民海岛开发中的环境保护问题研究。

另外，由于我国自然资源国家所有权体系存在缺陷，再加上管理上的不足和多方面的管理问题，我国在环境资源的开发和利用上曾面临“混乱、过度、免费”的严重局面。近年来，随着经济的快速发展和人口的不断增加，海洋环境问题越来越突出，并已成为影响可持续发展的最关键、最直接的因素之一。这种情况不仅对环境资源造成了灾难性的损害，还进一步加速了环境资源生态系统的退化过程。在当前的生态环境建设中，以牺牲环境为代价换取经济发展的做法已经不能适应社会可持续发展的需要。必须尽快建立与之相适应的法律体系来规范和促进生态环境的改善。

虽然在环境资源保护方面存在众多的法律、法规和部门规定，但这些规定主要集中在环境污染的末端处理上，而非对生态资源的源头进行保护。同时，在现行体制下，地方政府作为生态环境的主要管理者，其行为往往会直接影响当地生态环境的变化，甚至可能导致生态环境的进一步恶化。这实际上表明，将生态保护放在首位的观念在制度层面上缺乏必要的支持。我国目前的生态环境状况已经严重制约了国民经济和社会发展的可持续性。因此，我们必须采取根本性措施来阻止自然资源生态系统的恶化趋势。

二、经济理性泛滥是加剧生态危机的根源

工业革命为人们带来物质文明和社会进步的同时，也产生了一系列严重的全球性社会问题。其中，环境污染与生态破坏直接威胁到人类的健康生存。

（一）经济理性是工业文明的产物

自 20 世纪起，随着工业革命和技术创新的迅猛发展，人类社会的进步速度和规模已超越历史任何阶段。然而，这也引发了一系列严峻的全球社会问题，诸如人口激增、能源危机、粮食短缺、环境退化、生态失衡、水资源匮乏以及贫富不均等。这些环境与发展之间的矛盾，对人类社会的进一步发展构成了前所未有的重大挑战。面对这些困境，人们开始深刻反思工业文明

所带来的巨大破坏，并寻求可持续发展之路。

由于人口的无节制增长，自然资源被过度且无序地利用，工业化的生产和生活方式进一步放大了自然资源的经济价值，导致环境污染和生态危机愈发严重，人类所依赖的健康生态环境已遭受严重破坏。在这一严峻形势下，许多发达国家在追求经济社会可持续发展的过程中，提出并实施了“绿色增长”战略。

为应对工业革命带来的环境污染和生态危机，不少国家并未严格遵循生态环境风险预防原则，而是采取了“先污染，后治理”的策略。这意味着，只要污染者愿意支付费用，就能继续利用资源并减少环境污染。“污染者付费制度”便是在这一背景下应运而生，并迅速成为新型生态文明建设理论的重要组成部分。其核心理念在于：“污染者付费”不仅是纠正市场失灵的有效手段，也是优化自然资源配置的重要途径。

尽管如此，大家都知道付费会导致成本上升。因此，当生态服务成为一种公共物品时，政府需要对其进行补贴，否则会出现供给不足。根据主流经济学的观点，如果生态服务可以无偿提供，那些关注资源稀缺性和经济效益的经济学家可能不会担心成本的增加；相反，他们更注重经济效率，而非稀缺本身。

在生态服务资源稀缺的情况下，如果市场能够确保这些稀缺的生态服务得到高效分配，那么环境经济学也就无需从主流经济学中独立出来。环境经济学强调生态服务的稀缺性，主要是因为市场并不能让所有人接受这些服务，只有愿意支付费用的人才能获得这种服务。事实上，生态服务已经变得越来越稀缺，市场不仅忽视了对生态服务不断增长的需求，还忽视了市场无法确保生态服务高效利用的现实。

由于生态服务的生产具有非竞争性，且其本身存在外部性，其供给无法仅靠市场机制实现，而需要政府的提供或补偿。因此，环境经济学提倡通过“污染者付费”来纠正市场失灵。所谓“污染者付费制度”是指在生态环境保护领域，污染者支付费用以实现对环境污染的有效控制。这一制度的目标是将生态服务这一宝贵的自然资产通过市场的货币、商品和服务交换机制，以价值形式呈现，将曾经免费使用的生态服务转化为有价之物。

这要求市场参与者为其对环境的负面影响和社会成本承担责任，并促使他们更加有效地利用自然资源。同时，也需要考虑环境污染损害的补偿，并建立相应的法律保障机制。换句话说，“污染者付费”制度通过污染税、污染许可证和污染者赔偿原则等机制，以市场为基础来遏制各种污染行为。这种经济惩罚机制虽然合理，但不能从根本上解决污染问题，因为它仅是市场失灵的补救，而非真正的市场化治理机制。

不论采用哪种经济处罚方式，将污染排放商品化是一个关键前提。只有当污染物进入商品或服务领域，才会产生对环境的负面外部性，即外部性问题，从而引发污染收益内化的需求。因此，通过经济商品化转型，原本不与市场直接关联的自然生态服务现在可以在市场上定价和交易，实现资源的高效分配。污染的最佳水平由市场决定，污染物的排放由市场机制合法化。

由于外部性和政府失灵导致市场失效，环境污染治理需要依赖政府干预，而不能完全依靠市场。这不仅是环境持续恶化的核心因素，也是经济理性认识论的实际应用。

评判理性的准则多种多样。这种“经济理性”导致以牺牲人类利益为代价来获取最大利润的极端行为。随着西方世界建立以市场为中心的机制，市场根据经济逻辑将自然界视为可自由支配的环境资源，并服务于经济目标。经济理性对自然生态环境造成巨大损害，因而需要建立以人与自然和谐发展为目标的生态伦理秩序。这不仅使资源所有权的不公平关系合法化，还导致经济活动凌驾于生态环境之上，忽视人们的健康生活和生态需求。因此，在人类中心主义思想下，市场规则被视为一种自然正义的选择。然而，经济理性也凸显了经济增长与环境保护之间的一致性，甚至看似对环境保护更为有益。但实际上，只有运用政府规制手段才能有效治理环境问题并改善生态环境。遗憾的是，尽管这种假设在理论层面站得住脚，但全球环境问题和生态危机的实际数据表明，仅依赖市场机制来处理这些问题是不切实际的。因此，在考虑环境保护时，必须将经济发展纳入考量，不能单纯追求经济增长速度而忽视环境保护。正是经济的扩张和资源的过度使用导致了环境问题和生态危机的出现。从这个意义上说，“先污染，后治理”的经济行为模式是环境污染和生态环境恶化的根本原因。近年来，西方国家的经济增长与环境污染减少并非因其经济增长对环境有益，而是因为它们将污染企业迁移至污染边际成本更低的发展中国家，同时选择了对环境更友好的服务行业。

与此同时，“先治理，后开发”的发展战略增强了人类对土地等自然生态系统的依赖，提高了社会生产效率，最终实现经济利益最大化。在某种程度上，“先污染，后治理”的策略对陆地资源的有效利用是可行的，因为陆地自然环境条件优越，生态系统承载和恢复能力强。然而，这一观念并不适用于无居民海岛的整体资源开发和利用，因为无居民海岛的生态脆弱性无法与陆地生态系统相提并论。

无居民海岛的资源利用更多地呈现地域性、整体性和客观性的特点。地域性描述的是自然资源空间分布与特定地理位置的关联，而整体性则强调各类自然资源在复杂生态环境中作为整体的相互依赖和制衡关系。任何形式的资源使用或外部干扰都可能导致单一因素的改变，进而影响其他因素，甚至引发整个生态系统结构的改变和功能失衡。同时，无居民海岛不仅具有自然属性，还具有社会经济属性，这决定了其开发和保护的复杂性。在开发和利用无居民海岛时，我们必须正视其独特的脆弱性特点，并确保外部对其生态系统的影响遵循其固有的整体性和系统性的自然生态原则。客观性则意味着，无论是可再生还是不可再生的自然资源，它们都是自然环境中的客观存在。因此，我们必须谨慎对待无居民海岛的资源开发，以保护其脆弱的生态系统。

（二）经济理性加剧了生态危机

工业文明以经济理性为基础形成了个人主义法律价值观，其法治文明所确立的绝对所有权、契约自由、自己责任原则，对生态危机的产生负有不可推卸的责任。

1. 经济增长优先论：现代经济制度的理论基础

在 20 世纪，全球各国普遍认为经济增长是不可或缺的思维模式。在 20 世纪 30 年代，英国和美国的经济学家成功地摆脱了经济大萧条的困境，他们通过有效地控制通货膨胀和经济管理，为第二次世界大战的最终胜利做出了重要贡献。然而，将经济增长放在首位的观点忽略了对自然系统的思考。经济增长的崇拜在一定程度上影响了人们对人与自然关系的正确认识。以对经济增长的过度崇拜为中心的意识形态，其认识基础是将自然视为可利用的资源储备，而其理论基础则建立在机械化和功利主义的世界观与方法论之上。

2. 环境问题资本逻辑理论：经济增长论的再展示

资本逻辑的核心目标是追求经济上的盈利。资本作为一种特殊的生产力，其存在和发展离不开其内在属性。对于社会而言，经济增长的核心目标是积累更多社会财富，而对于资本拥有者而言，是追求更高的经济回报。资本逻辑要求人们不断投入和积累资金以达到预期收益水平。简而言之，资本通过对生产的投资和市场上的商品销售来追求更高的收益，实现资本的自我增值。在资本主义条件下，资本具有增殖能力，其运动表现为资本循环过程，即扩大再生产过程。这便是资本的逻辑推理。因此，经济增长是资本逻辑作用下的结果，即资本逻辑促进经济发展的过程。这种追求资本价值增长和盈利的资本逻辑，通过促进经济发展来实现。因此，在生产力发展过程中，必然伴随着资本积累和扩大再生产，形成资本扩张的历史趋势。为了实现经济持续增长，我们需要确保快速生产、大规模消费以及产生大量废物的生产和消费模式相协调，这表现为通过大规模生产高利润产品来迅速提升生产效率。资本主义是一种以资本积累为基础的高度社会化市场经济制度，其资本逻辑从生产关系的角度来看，不仅满足了资本的内在需求，还突出了其在商品经济社会中的核心地位。这种生产力和生产关系共同构建了一个与资本逻辑匹配的生产和经营体系。

环境问题的资本逻辑与生态保护的逻辑是不相容的。资本逻辑以牺牲自然为代价换取经济发展和财富积累。虽然资本逻辑表面上似乎通过制造商品来满足人们的生活需求，但其核心目的是追求资本的价值增长，即获得丰厚利润。资本逻辑以其自身的发展规律限制人的活动空间，使人类无法自由选择生存空间，从而陷入生态危机。资本逻辑将包括人的尊严在内的所有事物视为追求利润的工具，同时在生产过程中努力降低成本和费用。这一特征决定了它必然会对人类赖以生存的生态环境造成破坏。鉴于资本追求利润的本质，如果不遵循法律强制的废物无害化处理原则，资本的使用必然会受到“节约”原则的约束，从而导致资源浪费和生态环境的恶化。从资本逻辑的角度来看，如果没有法律的强制规定，生产者可以免费获取大气、水等自然资源，并将生产过程中产生的废气、污水排放至自然环境中，无需关心其污染程度和对人体健康的损害。这种“节约”行为本质上是以环境污染和生态破坏为代价。因此，环境恶化的根源在于资本的逐利性。资本追求利润的本质以及大规模的生产和消费模式导致了环境问题。这进一步引发了资本逻辑与生态保护逻辑之间的冲突，使其在不同路径上出现不和谐。

3. 过度经济理性导致生态秩序失衡

在考虑生态保护与经济利益的关系时，如何平衡这两者，既是一个价值评估的问题，也是决定能否对环境资源进行生态保护的关键因素。目前，我国的环境污染治理主要依赖行政手段，但这种方法往往导致地方政府及有关部门的行为与法律规定产生冲突，从而影响社会整体发展。对于管理人员而言，地方政府及其关联机构通常会出于地方或部门利益进行有选择性的执法，涉及利益时争先恐后管理，无利益时则推诿责任。然而，在污染控制和生态保护等责任履行方面，由于利益关系不明确，管理层通常选择回避，导致具有行政约束力的法律法规难以发挥应有作用。此外，我国各管理部门间在业务和职权方面存在交集与冲突，既缺乏统一的专业管理体系，也缺乏有效的管理和协调机制，进一步加剧了管理混乱。同时，地方保护主义盛行，一些地方官员只注重眼前经济利益，忽视生态效益，甚至采取损害生态环境的行为。这种管理混乱源于生态系统管理法律准则的缺失。因此，加强生态环境保护法制建设刻不容缓。

追求经济利益的主体，其自私和利己性质驱使他们以最低成本获取最大经济回报。然而，污染防治和生态保护无疑会增加其成本，且这些成果为公众所共享。因此，在没有强制性规定和管理者监督的情况下，这些主体不会主动承担生态保护责任。另外，受长期人口压力影响，我国在环境资源的开发和利用上存在诸多不恰当或过度行为，忽视了对环境资源的保护。这种不合理开发导致大量土地被占用、水体受到污染，生物多样性和生态系统遭受严重破坏，自然环境日趋恶劣。在我国生态环境逐渐恶化的背景下，生态保护法律的不完善或缺失以及管理上的混乱都加剧了这一问题。

因此，针对无居民海岛及其邻近海域的生态特性和属性，我们应遵循事物的固有规律和特点，在整体论和系统论的指导下，运用科学的生态系统管理手段进行有效管理。无居民海岛的生态系统为人类提供了宝贵的资源和自然环境。然而，经济活动的影响已导致生态环境退化，对海岛生态系统构成严重威胁。我国沿海分布着大量无居民海岛，具有重要的旅游价值，但长期缺乏有效管理引发诸多问题。考虑到无居民海岛生态系统的整体性、敏感性和脆弱性以及其资源已遭受破坏的现状，我们应促使人们进行自我反思。单纯追求生态系统最大产量的行为已对无居民海岛生态系统造成不可逆转的损害。因此，我们必须摒弃传统的单一自然资源管理观念，转而采用生态系统理论和方法对无居民海岛进行科学管理。本书主要探讨如何运用系统动力学原理构建实用且完整的生态系统管理模型，并通过实例分析验证其有效性和可行性。生态系统管理代表了一种创新的自然资源管理和评估手段，它基于生态系统知识将生态系统的结构、功能以及可持续的社会经济目标相结合。它不仅可以实现对无政府状态下国家管辖海域中所有自然或人类活动的综合保护与合理利用，还能确保无居民海岛的长期稳定发展。这意味着对于无人居住的海岛而言，任何开发和利用都必须以生态保护和科学管理为前提。只有采取合理的开发与保护相结合的措施才能最大限度地保持无居民海岛的生态平衡并实现其经济效益和生态效益的最大化。通过运用科学的生态系统管理手段我们能有效地遏制无居民海岛环境和生态系统受到破坏的现象并确保其可持续发展。

三、经济理性与生态保护理念相悖

人类的文明历程涵盖了狩猎、农业和工业三个主要阶段。进入工业文明后，信息文明作为一种以知识形态存在的新文明应运而生。在所有文明形态中，工业文明相较于其他文明更为高级，它不仅催生了卓越的生产能力，还构建了高效的社会经济结构、经济体制和管理体系。在此过程中，法律作为上层建筑对经济基础进行调控，成为不可或缺的工具，直接作用于人们的生产活动。以经济为纽带的社会分工催生了与其生产关系相适应的法治理念，如天赋人权、私有财产的神圣不可侵犯、平等和自由等。这些理念在工业文明时期得到充分发展，并逐渐演变为人们生活中的基本价值观念。这些法治理念使人与普通个体之间产生距离，被视为追求经济利益的理性“经济人”，从而推动人与人之间的关系从身份向契约转变。

在工业文明时期，人类对自然的认识实现了质的飞跃。自然界被视作“理性人”所占有和控制的对象，以“物”为中心的财产法和契约法等法律体系共同构建了工业文明社会的法律框架，而经济理性则为这一时代的个人主义法律价值观奠定了逻辑基础。现代市场经济中，对个人的尊重已成为普遍共识，并逐渐塑造了一种新的价值观念——个人主义价值观。尽管市场、财产和契约等工业文明中的个人主义价值观在推动工业文明繁荣过程中发挥了作用，但它们也带来了环境污染、资源破坏以及生态功能退化等问题。工业文明的发展模式并未给人类带来福祉，反而使人类陷入生态危机之中。因此，人们开始重新审视工业文明的生产和生活模式，思考科学技术的双面性价值，反思人与自然之间的相互关系，并对经济理性作为价值基础提出质疑。

在我国经济迅猛增长的过程中，也不可避免地遭遇了环境污染、资源破坏以及生态系统功能衰退等一系列问题。尤其是近年来，随着工业化进程加速，环境问题日益严重。雾霾、水质污染和农田土壤污染已经对公众的身心健康构成威胁。这迫使媒体和公众提出质疑：尽管政府在过去的几年里投入了大量的资金、时间和决心进行环境治理，但空气质量和大江大河大湖的水质并未得到根本改善，土壤污染问题依然严峻。那么，我们的环境究竟出了什么问题呢？实际上，我们所处的环境状况并非没有改善，而是在改善之后，又遭到了第二轮和第三轮污染的进一步破坏。因为环境问题是一个重要而复杂的社会公共问题，在经济高速增长的背景下，需要全社会共同参与才能有效地进行治理。因此，我国在水污染、大气污染和土壤污染等方面的问题一直未能得到有效解决，这并非技术阻碍或资金短缺所致，而是由于发展观念的问题。

从经济理性的角度来看，这并不利于生态的维护。在这个意义上，"生态文明成为时代的主题"。而要建设这样的生态文明，就必须对经济理性进行深刻反思。工业文明与现代科技为人类带来的市场经济理念在创造物质财富的同时，也孕育出了一种与自然相悖的异化力量。这种经济和自然的"双重衰退-崩溃"模式不仅破坏了人类赖以生存的自然生态系统，还引发了全球范围内的生态危机，给人类带来了前所未有的生态灾难。知名科学家卡普拉曾指出："目前全球生态环境和生命的演变正面临着巨大的风险，正在经历一场严重的生态灾害。"

（一）市场不是万能的

在实施市场经济的国家中，市场被视为关键的资源分配工具，但市场真的是无所不能的吗？市场会导致社会不平等吗？市场能否反映所有市场参与者的预期？市场能使所有主体都获得利益最大化吗？理想的市场体系是否能够有效且公正地分配所有的资源？市场能否在不损害生态环境的情况下使所有主体获得收益最大化？市场是否有能力将社会经济体系调整至自然生态支持系统的可持续供应规模之内？在市场失灵的条件下，政府能否通过市场调整自然资源和生态环境的使用效率和质量？自由市场体制在分配自然生态资源和服务方面的能力受到了质疑。

市场的主要功能是影响、指导或调整市场商品，它在确保商品具有排他性和竞争性特点的同时，是一种高效的资源分配方式。市场为交易实体提供经营活动的场所，其核心目标是追求最大盈利。通过供需均衡的交易平台，市场可以调整其生产和分配策略。然而，市场商品的配置受社会经济制度的影响。市场上的商品通常具备竞争和排他性的产权属性。若某物品缺乏产权或排他性，使任何人都能自由使用，市场参与者便不愿投资或生产此类商品，例如免费的公路、开放的公园或大部分生态系统服务。

非市场商品的配置在市场上并不高效。市场无法解决非市场商品的供需矛盾，这些商品具有非竞争性和非排他性，非市场商品通常由自然生态系统供应，如海洋鱼类、自然景观等。缺乏必要的保护和管理导致全球环境问题频发。对于非市场性质的物品，市场无力进行生产和分配，这可能会引发“公用地悲剧”。渔民不断增加捕捞量以求利润，造成了如大西洋鳕鱼资源的枯竭。过度捕捞破坏了生态系统的食物链，对海洋经济造成严重影响。这说明市场对渔业活动的干预变得至关重要。当前，在生态恶化、公共海域资源枯竭的背景下，开放制度若不加控制，将导致生物系统和渔业资源崩溃。这表明市场无法对非竞争性商品或服务产生有效调节。

在公共物品的供应和分配方面，市场似乎无能为力。公共物品具有非市场特性，缺乏私有产权的属性，具有非排他性和非竞争性，免费对大众开放。这导致公共物品的供给者可能采取利己动机，损害其他使用者或环境，产生负外部性。此外，公共物品的特点导致“搭便车效应”，阻碍公共资源的提供。

科斯定理指出，只要在完全竞争条件下进行市场交换，资源的高效配置是可以实现的。然而，这一理论的核心前提是交易成本为零，而在现实中，交易成本往往很高，尤其是涉及多个参与者时。因此，我们不能忽视外部性带来的负效应。经济活动会产生废物，影响生态系统的功能和服务。经济行为的负外部性不仅不会改善生态环境，反而可能恶化。以森林转化为耕地为例，负外部性导致生态服务减少，加大了问题解决的交易成本。这种外部效应影响未来几代，代际交易成本巨大，市场无力应对。

（二）经济增长并不能完全解决环境问题

"环境库兹涅茨曲线假说"揭示了经济增长与工业生产排放废弃物及环境损害之间的紧密联系，具体表现为环境损害程度与人均收入之间呈"倒U"形关系。因此，在研究环境污染和生态破坏问题时，必须充分考虑工业排放对环境质量的影响。该假说涵盖了几个核心要点：

第一，经济增长在不同阶段会遭遇不同的结构性挑战。在人均收入较低的阶段，经济增长主要依赖工业化和城市化进程，这导致对资源、能源和原材料的大量需求，进而增加了废物和污染物的排放。同时，随着人口规模的扩大，人均可支配收入减少，生活成本上升，进一步加剧了废弃物的排放。然而，随着人均收入的增加和经济结构的转型，第三产业开始崛起，对资源和原材料的需求减少，废物排放量也相应下降。这标志着经济增长逐渐摆脱了对环境牺牲的依赖，转向追求可持续发展的道路，实现人与自然的和谐共生。

第二，随着收入的增加，人们的消费行为变得更加理智，更注重环境保护，从而促进了经济发展和环境保护之间的平衡。

第三，西方高收入国家在全球环境治理方面发挥了积极的推动作用。

然而，尽管该假说在某些环节上具有一定的合理性，但从全球环境的角度来看，环境是一个不可分割的整体。即使局部环境得到改善，也无法实质性地改变全球气候变暖、臭氧层破坏和生物多样性减少等全球性环境问题。这意味着，仅仅依靠经济增长并不能全面解决环境问题，需要全球范围内的共同努力和合作。

《超越极限》的核心思想是尊重环境的限制。这两部作品分别从经济学和生态学角度探讨了人与自然关系问题，具有重要意义。《增长的极限》和《超越极限》均指出生态环境存在界限，经济增长不可能永久持续。为防止未来经济不可持续发展，应避免对自然资源的过度使用，始终尊重自然的价值。因此，实现可持续发展必须限制对自然的索取。人类经济活动消耗大量资源并产生废物。目前，对自然资源的开发和利用已经超越自然生态承受能力。如果未来不减少对自然资源和能源的过度利用，整个经济系统将崩溃。经济不可持续性是可以规避的，这意味着我们可以通过“以量为入”的策略，确保对自然的需求基于自然生态的可承受性，即遵循尊重自然的生态约束原则。

（三）经济增长的“反自然”性质

经济增长模式表现出自然和经济的双重下滑，这是以“过度消耗”环境为代价的。随着人口增长和工业化进程的加快，人类赖以生存的自然环境遭到破坏，使人类面临前所未有的压力。地球的生态系统及其提供的服务是支撑人类生存的关键。过去五十年，为满足对清洁水源、食品、木材、燃料和纤维等的需求，人类对生态系统的影响在速度、强度和规模上都超过了历史上任何时期。生态资源的消耗大大提升了人类福祉和经济发展。然而，人口增加、工业化加速和全球变暖导致了生态环境恶化，给人类带来巨大挑战，并引发了一系列危机。随着时间推移，人类对生态系统的压力已超出其承受能力，这表明人类正以破坏性方式消耗地球生态资源，从而推动生产和消费。

目前，生态系统面临“需求超过供应”的严峻形势。不断增长的人口、快速的经济发展和日益恶化的生态环境都对人类社会造成了一系列问题。通过对生态系统 24 个服务功能的评估，我们发现其中 15 个正处于退化或不可持续使用状态，包括空气和水源净化、气候调节、自然灾害管理及病虫害控制，其中水源涵养最为重要。全球约半数国家面临地下水位下降和水井枯竭，中国也严重缺水。大约三分之一的全球农田土壤养分流失速度超过新养分生成速度，导致肥力下降。森林被转化为农田或被砍伐用于制造木材和纸张，每年森林面积减少 35 万 km^2。全球有 4/5 的海洋渔场因过度捕捞或超负荷运行而面临崩溃风险。这些表明生态系统服务功能正在退化，导致对物质和能量的消耗剧增，依赖自然支撑的经济体系逐渐衰退。这意味着人类对环境变化和自然资源消耗的承受能力将越来越弱，导致生态系统服务功能下降和环境污染加剧。科学研究表明，1980 年，人类总需求首次超过地球的可持续供应能力；到 1999 年，全球需求超出自然系统供应能力的 20%；到 2017 年，全球需求已超过 50%。人类正陷入前所未有的困境——消费超出了自然提供的服务总量。换句话说，要满足当前生产和生活消费需求，至少需要 1.5 个地球系统的供应。这说明，目前的消费和投资增长均以消耗大量自然资源为代价，其结果必然导致生态系统服务功能下降，从而影响经济社会系统的健康运行与协调发展。从生态环境系统角度看，全球经济增长正面临“透支”状况。未来几十年内，如果人口增长和环境恶化继续发展，人类将无法承受如此巨大的压力。如果采用生态环境标准评估，支持经济增长的自然支撑系统的下滑实际上代表了全球经济的下滑。

传统经济增长方式实际上是对历史文明衰退的证明，任何破坏自然支撑系统的文明都无法持久。如何实现人与自然的和谐共生？在这一议题上，经济学者与生态学者持有不同看法。生态学家认为，经济活动导致环境恶化、生态失衡等问题。经济学家则回顾过去几十年的经济增长，认为市场经济是最高效的资源配置方式，提升了人们的生活质量。生态学家认为，人类社会已进入一个新时代——后工业社会。尽管世界经济曾有辉煌历程，主流经济学家和知名预测机构对未来经济增长速度持乐观态度，相信到 21 世纪中叶，全球经济规模将翻倍。但是，生态学家们对此未予认同，他们指出，市场忽视了无法控制的间接成本，如生态消耗成本。如果市场能正确核算这些成本，我们将能更好地理解经济增长中存在的问题。这表明，市场对产品的全部成本没有给出精确描述。

尽管市场决定价格，但它未能真实反映价格的本质。以汽油为例，从原油开采到精炼再到全国运输，计算的直接成本约为 5 元。但其中不包括废气处理、车辆燃料消耗导致的污染处理、呼吸道疾病治疗和气候变化影响费用等。如果将这些纳入间接成本中，每升汽油的实际成本远超 5 元。因此，只有在计入所有直接和间接成本后，市场才能真实反映产品的价格。

文明的衰退常由环境退化和恶化引发，文明的兴衰与生态平衡息息相关。在历史进程中，不同文明衰退有时由单一环境因素引发，有时是多个趋势共同作用的结果。因此，研究文明的衰亡过程需要从多个角度探究其根源，才能得出正确结论。考古研究表明，早期文明的崩溃常因生态恶化导致食物短缺。苏美尔文明因灌溉系统缺陷导致土壤盐渍化，玛雅文明因过度砍伐和土地破坏衰亡。农业文明的衰落与气候异常密切相关。现代农业文明的兴盛使人们未能充分认识到土壤恶化对 21 世纪人类文明可能的威胁。如果不采取措施，农业文明在地球上将消失。这并非危言耸听，工业化进程的加速、城市化、人与自然关系紧张等加剧了生态环境的破坏可能性。全球生态评价揭示过度资源消耗和废物排放带来的负面影响；工业化国家土地产出下降、环境污染严重，威胁社会稳定和经济增长。随着人口增长和资源需求上升，耕地减少、森林消失、水井枯竭、土壤侵蚀、食品价格提升、失业增加成为不稳定因素。如果不合理使用自然资源，生态危机难以避免。

经济学家认为自然支持系统功能退化不影响经济可持续产出，但忽略了合理利用和保护自然资源的重要性，以致生态恶化和环境污染。现代经济模型与濒临崩溃的生态系统并不相依。若不改变经济发展方式，这一系统未来将无法维持正常运行。必须正视事实：当前经济模式正破坏支撑人类经济的自然支撑系统，将人类推向衰退和崩溃的边缘。

（四）“经济优先观”解构

法律的核心原则是对立法价值的精炼和立法目标的具体实施。立法者为实现这些价值目标，在不同的规范层面上确定了法律规范的分类和方法。不同的法律制定都是为了实现特定的立法价值目标，因此，立法目的在很大程度上决定了法律调整的方向、立法的理念、价值目标和制度选择。各国的环境法都有其特殊的立法价值目标。鉴于各国在制订环境法规时面临的历史背景和环境问题的严重性有所不同，再加上在社会、政治和经济发展上的差异，因此，他们的环境保护法在不同的历史时期可能会有不同的立法目标和价值。

1969 年，美国发布了《国家环境政策法》，其中明确指出："这部法律的核心目标是宣扬国家的方针，推动人与环境的和谐共生；积极倡导预防或减少对环境和自然生物的损害，提高人们的健康和福祉；深入理解生态系统和自然资源对国家的价值；并建立环境质量监督委员会。"该法案明确将环境保护纳入国家战略层面，并将其作为一项基本国策实施。显然，美国的环境保护政策从维护人类整体生活环境的角度出发，其策略充分考虑到任何对自然环境的干预可能给生态环境带来的不可预知后果。由于环境恶化导致了生活质量下降，最终产生了一系列社会经济后果。因此，确保并维持一个高质量的环境对人类健康生活和普遍幸福感至关重要。美国环境保护政策的核心是通过法律规范保障公众参与环境保护，使政府成为实施环境保护的主体，同时也是公民享有环境保护权利的基本途径。为了达到环境保护的目标，该法律明确规定，美国联邦政府的各项计划、职责、行动策略以及法律、法规的解读和实施都应与这一法律规定的政策保持一致。联邦政府的官员在制定可能对环境造成影响的计划时，应优先考虑生态环境的保护问题，结合自然科学和社会科学的方法。为此，该法提出了一系列具体原则，并贯穿于整个联邦法律之中，从而清晰地指出联邦政府在其行行动计划中必须优先考虑生态环境保护问题，这充分体现了环境保护优先的立法哲学和价值导向。

我国的《中华人民共和国环境保护法》（简称《环境保护法》）在第一条中明确指出："为了维护和提升环境质量，预防污染和其他形式的公害，确保公众的健康，推动生态文明建设，以及促进经济和社会的可持续发展，我们制定了这部法律。"该法的修订和实施标志着我国环境法进入一个新阶段。其目标是摒弃过去以经济增长为首要考虑的价值观，转而采用"可持续发展"作为替代方案，这是修法进程中的重大突破。在我国当前的政治、经济、文化和法律制度下，这一立法目标具有一定的合理性。然而，该立法目标依然存在不足。

首先，当前的立法目标并没有充分反映现代环境伦理的核心价值，也没有充分体现环境立法的基本任务。与世界先进国家环境立法追求的“人与环境的完全和谐”“通过环境保护提高人类福利”和“维护人类环境和社会整体利益”的目标相比，仍存在显著差异。这意味着我国现行环境法无法完全满足当代生态文明建设的要求。经过 30 多年的快速经济增长，我国面临的主要经济挑战是生态环境问题，这已演变为严重的民生问题，如大气污染、水体污染和土壤污染等，这些问题威胁到公民的健康和生存。修订后的《环境保护法》并未彻底解决这一严峻的环境污染问题。其原因在于我国现行法律对环境保护问题重视不够，甚至忽视环境保护的重要性，导致环境立法存在许多漏洞，使环境问题日益严重。

其次，在立法的目标中，“防治污染”依然采用了一种防治结合的治理策略，这种规定为末端治理留下了明显的不足。在资金和技术不足的情况下，预防和治理往往难以奏效，实际的治理也很难推进。对环境违法行为的处罚力度不够，导致违法成本低，违法行为得不到有效惩罚。随着环境问题日益严重，依赖末端治理不能有效解决环境污染和生态破坏，导致一些企业破产，缺乏治理资金；一些受严重污染和损害的环境无法进行有效治理和修复。这需要政府采取多种措施实现经济增长和环境保护的统一。

在立法中强调“经济社会发展与环境保护相协调”比“环境保护与经济社会发展相协调”更为先进。从我国国情来看，高速经济增长必然伴随生态环境恶化，这已成为共识。然而，现实情况是，环境保护始终无法与经济增长相协调，最终沿用了发达国家曾经走过的“经济优先”和“先污染，后治理”的传统路径。因此，我国在制定环保法过程中要坚持“促进人与自然和谐共生”的指导思想，并将其贯穿于整个立法过程中。这种协调应是实施政策和措施后追求的目标和效果，而不是仅仅基于“协调发展”的原则来处理环境保护与经济社会发展的关系。

四、生态保护期盼生态经济秩序

生态思想应当对经济思维施加限制。现代工业社会是典型的生态灾难时代，生态环境恶化使世界陷入危机，人类面临前所未有的困境与挑战。传统经济思维模式建立在人们贪婪、自私和最大化效用的理论假设之上，这种思维不仅导致自然和经济的双重衰退，也对人类生存构成威胁。生态经济学正是为适应这一时代需求而产生的新兴学科。为了防止现代工业文明的经济观念导致生态崩溃，我们必须放弃掠夺性和不可持续的粗放型增长模式，选择并坚持可持续的经济发展模式，倡导以生物资源和可再生资源为支柱的生态经济模式。在不违背自然规律的前提下，通过合理开发和利用自然资源提高生产力水平，促进人与自然和谐共生。

生态经济模型的理论主张是经济增长必须建立在生态可持续性的基础上，经济增长与生态系统紧密相连，密不可分。人们普遍认为，经济增长必须受到生态环境的自然限制。因此，推动经济发展时，首先需要遵循自然生态的基本规律，以实现生态和经济的可持续发展。

经济的安全性与生态的安全性相结合，其中生态安全在某种程度上超越了经济安全，成为国家安全的重要组成部分。面对全球资源减少和生态危机持续恶化，生态安全问题已成为全球关注的核心议题。生态安全作为一种新的视野，为经济社会可持续发展提供了新的思路和方法。生态安全要求生态环境保持在不受威胁或破坏的健康状态。人们往往将生态安全视为生态环境状况。一些学者认为，生态安全包含两方面：首先是避免生态恶化对经济基石的风险，因环境品质恶化和资源减少削弱了经济持续发展的基础；其次是防止环境污染对社会的危害，保护环境，维护生态平衡，保障人类生活质量和健康水平的提高。

生态安全性意味着在经济发展过程中，人们应致力于保护生态系统和自然资源，以保障其可持续性和再生能力。生态安全既不是绝对安全，也不等同于绝对安全。它意味着生态系统健康运作，满足社会经济持续增长需求，同时避免人类活动对生态系统的负面影响，防止严重的生态风险。

经济安全性应与生态安全性相结合。生态系统的良性运转是实现经济可持续发展的前提。生态安全是经济持续增长的核心，也是经济安全的基石，表现为生态系统的稳定性和生态功能的正常运作。在一定条件下，生态系统安全是从不稳定向相对稳定转变的过程。生态系统结构的稳定性是功能的前提，一旦结构失稳，整个社会经济体系就难以继续运行。因此，保持生态系统的结构和功能稳定是经济发展的基础。

经济与生态的益处是一体的。生态利益体现为生态系统的固有价值、功能性价值和整体系统价值。从生态系统的角度看，其内在价值体现在生物利益上，是物种固有价值和内在需求的体现；外部价值则表现为直接经济价值、间接经济价值及综合经济价值。从生态系统的功能和效用看，其工具价值表现在生态利益上，即生态系统提供的各种生态资源和服务满足人类需求，并为社会成员提供生产资料和消费资料的外在价值。

在追求经济利益时，应遵循生态利益的准则。生态经济是以生态学为基础的新型经济形态，要求经济增长在生态可承载的界限内进行。因此，经济增长不仅需对自然生产力有深入了解，也需对社会生产力有全面认识，并将其整合为推动生态经济发展的合力。

当生态利益与经济利益和谐统一，我们需要在生态经济发展中妥善平衡全局与局部、长期与短期利益之间的冲突，以确保生态经济的持续健康发展。

五、生态经济秩序呼唤生态理性回归

不同的价值观导向会带来社会实践中不同的后果，实践中遇到的挑战和问题常常促使人们在理论层面进行深入的探讨和反思。环境伦理学作为一种新兴的伦理思潮和学科，其研究对象是人与自然之间存在矛盾和冲突的社会关系，这使其基本范畴具有明显的功利主义色彩。随着地球生态环境问题的持续恶化，人们开始深入思考环境污染、资源损耗和生态退化等生态灾害的成因、影响以及相关理论问题。这也促使法律学界重新审视和评估传统法学理论和法律制度所传递的主导价值观和利益观对人们思想和行为指导的价值和意义。从伦理学角度分析，人与自然和谐相处的根本目的是实现人与动物以及自然环境之间的相互协调，其中最重要的是尊重生命权利和自由平等原则。传统道德和伦理观点以人的自我价值为核心来理解世界和自然，从方法论上看，强调人的利益作为首要考虑。这种观念不仅导致社会成员缺乏环境保护意识和主动参与保护自然环境的行动，还引发了人与自然关系的异化和人与社会关系的扭曲。因此，基于人类利益为核心的价值观制定的国家政策和法律准则，其理论基础深受人类对自然和环境的绝对控制、操纵、奴役和利用观念的影响。

随着生态学和生态伦理学理论研究的深化及其在社会科学领域的广泛应用，生态环境问题引发了社会关系的变化和一些社会秩序的重塑。人类开始采用新的环境伦理观，构建一套旨在维护地球生态系统各组成部分之间和谐共存的法学理论体系和法律规范机制。这种以人与自然相互统一为目标的新社会发展模式被称为“人地法哲学”或“生态文明论”。因此，法学先驱们逐渐意识到“以人类为中心的自然控制观念是引发地球生态危机的最根本思想和理论基础”。他们批判并超越人类中心主义价值取向，提出了基于“人-地-天”系统的生态伦理法律观念。从生态环境问题的教训、经验和生态科学知识中，我们逐渐认识到人类与其他自然实体之间存在共生、共荣和共损的关系，而非超然或凌驾的关系。因此，一种新的价值观——“人本主义”观念应运而生，并迅速传播。这一价值观的转变也对环境法规的思维方式产生了影响。

在人类中心主义向人本主义的转型中，人们开始重新审视人与自然的相互关系以及人与社会关系的性质。20 世纪，人类对人与自然关系有了新的认识，这在人类思想和价值观历史上是一个巨大的进步和转变。这种转变促使人们对社会秩序的变化有了更深入的理解，并对整个法律制度产生了深远的影响。在新的历史条件下，环境立法应以生态学原理为指导。一些学者认为，“在处理环境问题时，生态学的核心理念应被视为人类应遵循的根本准则，并为环境政策和立法提供坚实的理论支撑。”

第二节　生态保护优先原则的理论

一、生态保护优先原则的含义

随着我国生态文明战略的深入推进，生态文明法律保障体系也在持续完善，相应地，立法理念和价值追求也在经历变革。在此背景下，《中华人民共和国环境保护法》与《中华人民共和国海岛保护法》均明确提出了保护优先原则。然而，关于这一原则的具体内涵，官方及理论界尚未给出详尽的阐释。在探讨生态保护与经济发展之间的关系时，理论界常使用“生态优先”“环境优先”或“生态保护优先”等标签性用语来界定，但这些用语是否等同，其内涵又有何异同，以及哪个称谓更为科学、合理，目前理论界对此缺乏系统且充分的论证，仅有的探讨也多是各抒己见的浅显之见。因此，从理论上深入剖析这些用语的基本内涵及它们之间的联系与区别，显得尤为重要。本书在对这些基本用语进行细致分析和梳理的基础上，选择了“生态保护优先”这一表述，并尝试从无居民海岛生态保护的角度出发，对其概念、含义等方面进行多学科、系统的探讨。

（一）“保护优先”不等同于“生态保护优先”

《环境保护法》所确立的基本原则包括：“环境保护应坚持保护优先、预防为主、综合治理、公众参与、损害担责的原则。”而《海岛保护法》也明文规定：“国家对海岛实施科学规划、保护优先、合理开发、永续利用的原则。”尽管“保护优先”这一原则在两部法律中均有所体现，但官方尚未给出其具体含义。有学者对此进行了解读：首先，在保护与开发利用之间，保护应置于开发利用之前，这主要适用于自然保护区、风景名胜区及其他需特别保护的区域；其次，在保护与污染治理之间，保护应优先于污染治理，即应首先保护好未被污染的区域，有条件时再进行治理；最后，在保护与恢复和改善之间，保护同样应置于优先地位。然而，从实践层面看，“保护优先”更多是针对第一种情况。

基于上述解释，我们可以进一步推断：第一，《海岛保护法》中的“保护优先”原则主要适用于那些具有特殊用途或特殊保护价值的海岛，如领海基点所在海岛、国防用途海岛以及海洋自然保护区内的海岛等。第二，对于可经营性利用的无居民海岛而言，调整性原则应为“合理开发”。而“合理开发”的关键在于如何把握开发的“度”，这涉及利用对象的生态阈值。目前，这是一个世界性的科学难题，因为每个可利用生态系统的承载能力都具有其独特性和不确定性。以现有的生态科学理论来界定“合理开发”的“度”相当困难，其结果可能仍是陆地单一资源要素利用效率模式的翻版，其立法理念可能仍是“经济优先”的延续，最终导致经济利益主导下的生态环境退化甚至恶化。第三，造成这种生态代价的原因在于，“保护优先”这一含蓄、抽象的语言表述可能让不同的社会主体产生不同角度的合理解释，从而引发无端的猜测、争议甚至混淆。对于追求“经济理性”的主体而言，在没有强制性规范约束的情况下，模糊的“保护优先”原则很难制衡或协调与“合理开发”之间的关系。对于管理者而言，监督管理往往难以抗拒管理背后的利益诱惑。

综上所述，“保护优先”这一原则并不能全面解决生态保护与经济发展之间的关系。处理两者关系的完整原则应当是：在生态保护与经济发展客观上不能兼顾或矛盾不可调和时，应优先考虑生态保护，让一切活动都为生态保护让路，这才是真正意义上的“生态保护优先”。因此，“保护优先”并不等同于“生态保护优先”。

尽管《海岛保护法》确立了“保护优先”原则，但这一原则表述抽象、含义模糊，并且官方及理论界鲜有对其进行详细解释、解读和论证。从本质上讲，该原则并非真正适用于处理无居民海岛保护与使用关系的原则。因此，从理论上深入探讨适合无居民海岛保护的生态保护优先原则的基本内涵显得尤为迫切。自我国实施生态文明制度建设以来，理论界虽频繁提及生态保护优先原则，但对其进行系统、全面阐述的却寥寥无几，特别是针对无居民海岛的使用与保护方面。鉴于此，本书对生态保护优先原则从概念、内涵及历史发展脉络等方面进行了全新、系统的探讨。

（二）“生态保护优先”用语的甄别与选择

生态保护，作为生态系统保护的简称，体现了生态学原理的生态系统理论和管理实践在社会学科中的应用和推演。关于“生态保护优先”，学界存在多种表述，如“生态系统优先权”“生态优先”“环境优先”及“环境保护优先”等。这些称谓均强调，在社会经济发展过程中，当经济发展与生态利益发生冲突且无法调和时，应优先考虑生态利益，并将其作为调整人与自然关系的基本准则。

“生态保护优先”与“生态优先”被视为同义词。本书选用“生态保护优先”而非“生态优先”，原因在于无论进行生态保护还是资源开发，其前提都是需对行为对象所依赖的生态系统进行科学评估，并根据评估结果来决定保护或利用的策略。因此，“生态保护优先”强调的是对任何资源所依存系统的客观生态状况的优先考量或评估。在对利用对象进行系统评估后，对于不适合经济开发的多功能、多价值资源，应优先于经济活动给予保护。由此可见，“生态优先”与“生态保护优先”并非前后承接或上下衔接的关系，而是同一概念的两种表述。

本书选择使用“生态保护优先”术语，除了基于对上述用语共性特点的基本评价外，还因为“生态保护优先”本身所具有的特质。

首先，“生态保护优先”的基本范畴是生态系统。优先维护生态系统的平衡与稳定是系统产生一切利益的根本。生态系统强调其整体性和系统性，每个整体都构成一个完整的系统。系统内各组分或要素相互依存、相互作用、相互制约，共同维持着整体的稳定。任何组分的改变都可能对其他部分乃至整体产生直接或间接的影响。生态系统的平衡是一种动态平衡，其维持需要一定的条件和限度。当系统受到的干扰超过其生态阈限时，将会导致系统生态失调、退化甚至崩溃。

其次，生态系统整体优先于其个体。人与自然共同处于地球生态系统中，生态系统为人类生命提供支持。人类依赖生态系统提供的各种生态功能和生态服务来维持生命存在。在平衡、稳定的生态系统中，人与自然中的所有个体都在最大限度地扩展自己，推动着生态系统的发展。然而，这种扩展并非无限制的，而是受到系统整体性的制约。生态系统的所有成员都拥有足够且受限的生存空间，系统强迫个体相互合作，形成密不可分的联系。虽然人类在生态系统中占据重要地位，但如果其行为导致生态系统结构破坏或功能退化，那么人类的生存也将受到威胁。因此，人类必须适应生态系统整体的需求，才能实现健康、快乐的生存，即生态系统整体优先于其个体。

再次，生态系统的监测、评估优先于任何资源的保护或使用。自然资源作为生态系统的组成部分，其利用活动都会对依赖的生态系统产生影响。因此，在对资源进行利用之前，必须依靠相应的技术手段对生态系统进行监测、评估。如果系统健康状况良好并满足利用要求，那么可以确定资源的最大可持续利用量；如果系统生态特性脆弱需要进行生态保护或修复，则意味着不能对其进行资源利用。资源的利用或保护策略是由其所依存的生态系统的客观特性决定的。因此，生态系统的监测、评估在逻辑上优先于任何资源的保护或使用。

最后，“生态保护优先”要求摒弃狭隘的、仅从环境预防、治理或救济切入的思维路径。例如，“环境优先”可能更多地关注禁止现存环境遭受更恶劣的破坏，而“环境保护优先”则更侧重于预防措施以避免损害的发生。然而，人们对环境的损害仍不可避免地时有发生，因此纯环境损害的救济变得至关重要。在处理经济增长与生态环境保护之间的关系时，应确立生态环境保护优先的法律地位。这种优先地位并非意味着将经济增长与生态环境保护绝对对立起来，而是在进行任何活动之前首先要对实施活动的对象进行生态评估，并根据客观情况制定相应的利用或保护策略。主张生态保护优先的目的不是为了单纯地保护生态，而是为了实现生态系统的可持续利用。

综上所述，本书将“生态保护优先”原则和生态系统管理框架作为研究路径的逻辑起点。作者认为，根据生态系统的原理与特性来理解和应用“生态保护优先”这一术语，能够更深入地探讨生态保护的内涵并实现更科学的论证。

二、生态保护优先原则的多维度阐释

优先通常是指当两种或两种以上的事物发生冲突或矛盾时，根据特定标准或价值判断进行取舍或排序的过程。生态保护优先指当经济利益与生态环境利益发生冲突时，应优先考虑生态价值。

（一）基于生态保护优先的生态学阐释

从生态学的视角出发，生态学家对生态保护优先的内涵进行了多角度的分析和阐释。当生态环境利益与其他利益发生冲突时，应优先考虑生态价值。

（1）生态系统的整体优先于系统内的个体。人类应遵循自然的发展规律，生态优先意味着生态系统的整体优先于生活在其中的各个独特个体。人类与自然共同处于地球生物共同体之中，人是生物共同体中的一个个体。在一个生态群落中，生物共同体作为生存单元，其完整性和稳定性对于其中个体的生存是首要的。生态系统促进个体的选择适应，并限制个体的非适应性。成熟的生态系统以复杂、多样且合理的方式，最大限度地促进个体的孕育和发展。首先，随机性和历史的独特性使每一个有机体受到其环境的限制，这导致各有机体的特性和命运有所不同，人类个体亦如此；其次，随着漫长的地质年代的演进，生态系统稳定地将地球上的物种数目增加到五百万种甚至更多，生物圈因此变得更加多样和复杂；最后，物种数量的增加催生了生态金字塔上层复杂的生存个体，人类逐渐在自然生态中崭露头角，主体性生命在客体性生命之上不断演替。生态共同体的完整和稳定体现了对系统个体持续的选择，这是一种独特而包容的“优先性”。在人类作为其中一员的地球生态共同体中，应该遵循自然法则以促进其繁衍和昌盛。

（2）自然的经济体系平衡优先于人类对自然资本的过度索取。在自然经济体系与社会经济体系的关系中，社会经济体系从自然经济体系中攫取经济利益时，必须确保其行为不损害生态系统的整体恢复力或稳定性。在这一理论框架下，以生物资源利用为例：专家或生态学家必须首先确定生态系统中生物种群在稳定状态下的水平，然后在不干扰或影响生态系统整体平衡的情况下，计算出每年可捕捞的鱼量、可以砍伐的森林量或系统每年能吸纳的废弃物量。由于生物的最大可持续利用量存在很大的不确定性，当我们以新的方式和过快的节奏操纵自然时，必须谨慎。总之，这一理论模式要求人类学会在不破坏或可持续利用生态固定资本的条件下，从自然经济体系中获取生态资本的“利息”。

（二）基于生态保护优先的法学释义及评析

释义一：生态保护优先是在经济发展和生态建设对资源和环境的需求与竞争过程中，针对日益严重的环境污染和生态破坏局面提出的一种发展原则或模式。其核心思想是扩展的人文关怀和“天人合一”，目标和价值取向与可持续发展思想一致，主张经济过程与自然过程相协调，强调在经济社会发展中，生态环境建设与资源合理利用需被赋予优先地位。生态保护优先意味着当经济利益与生态利益发生冲突时，应优先保护生态利益。

释义二：有些法学者认为生态保护优先是环境法的基本原则之一，并直接称其为生态保护优先原则。这一原则是生态学应用于各个学科领域后形成的，要求在处理经济增长与生态环境保护之间的关系时，赋予生态保护优先的法律地位，并把其作为调整生态社会关系的法律准则。生态保护优先原则强调生态经济学中的生态合理性，即人类经济活动的生态合理性优先于经济与技术的合理性，具体包括生态规律优先、生态资本优先和生态效益优先三大基本原则。其核心是构建生态优先型经济，即以保持和提升生态资本为基础的绿色经济，追求包括生态、经济和社会三大效益在内的最大化绿色效益。

释义三：另一些法学者将生态保护优先称为保持和保存原则。“保持”旨在使自然环境要素处于可供人类持续利用的状态，而“保存”则旨在让生态系统和自然界其他历史或人文古迹维持其原始状态。在保持原则下，人类可以对自然界进行非开发性或非生产性利用；在保存原则下，除了科学研究目的外，人类不应对自然界进行一般性利用。

释义四：还有法学者将生态保护优先表述为环境保护优先原则，主张在环境管理活动中，应优先考虑保护环境。在社会的生态利益和其他利益发生冲突的情况下，应优先考虑生态利益。具体内容包括：第一，优先保护人的生命和健康，保障居民生活、劳动和休息的优良生态环境；第二，当经济利益与生态利益发生冲突时，优先满足生态利益的需要；第三，在利用一种或几种自然资源时，不应对其他自然资源和整体环境造成损害。

（三）生态保护优先观

通过分析国内外环境立法规范，我们发现国外先进的立法价值取向已经摒弃了经济优先，转而采用环境保护优先的理念。相比之下，我国现行的《环境保护法》虽然在内容表述上使用了“保护优先”的说法，但本质上仍然遵循了经济优先的传统价值理念。那么，我国的《环境保护法》究竟应该以抽象的“保护优先”还是以具体的“生态保护优先”作为立法价值目标呢？在回答这个问题之前，我们首先需要分析《环境保护法》的法益属性，这样其立法价值目标也就变得清晰了。

《环境保护法》与其他传统法律不同，其立法目标在于确认和保护法域范围内公民的环境利益。这种环境利益与传统法律所保护的人身与财产权益有所不同，它调整的关系不是传统法律意义上的社会关系中人与人之间的关系，而是人与自然的关系。人们健康生存所需要的基本环境要素，如清洁的空气、水源、土壤等，这些客观内容不是传统法律所赋予人们的基本私权所能涵盖的，也不是仅仅通过设定公民环境权就能解决的问题。这些需求反映了人们健康生存所实际需要的客观环境利益状态。这些环境利益自人类诞生之日起就始终伴随人类而客观存在，只是在这些环境利益介质没有被人类破坏之前，人们并没有意识到它们的客观存在。尽管环境利益是人类赖以生存的，但人们通常不会主张基于这些利益所产生的权利，更不会把这些利益上升为法益。然而，随着时间的推移和人口的剧增，人们的贪欲无限扩张，导致赖以生存的环境要素被破坏，生态危机频发并危及人们的健康生存。此时，良好的环境利益逐渐变得稀缺，人们的生态环境保护意识才开始觉醒，客观上的环境利益才会上升为主观上的利益保护需求，从而推动真正的以保护环境利益为立法价值目标的现代意义上的《环境保护法》问世。《环境保护法》从本质上来说是保护环境的秩序法，其法益是保护全人类赖以生存的自然秩序和生态系统的平衡与稳定。它要求人类对自然生态的干扰行为必须遵守自然秩序规律，因此，《环境保护法》也应该符合自然运行价值规律的要求。保护人类生存环境的有序、和谐是立法的基本原则，一切导致生存环境无序、不和谐、不公平、不合理的行为都将被视为非法。

生态环境利益的稀缺从经济学角度可以推导出优先分配原则，但这里需要考虑的是竞争优先还是环境利益优先的问题。按照西方传统经济学理论，稀缺资源会引发竞争，通过市场激励和优胜劣汰机制可以实现资源的最优配置，从而弥补市场资源的稀缺性。然而遗憾的是，环境利益的稀缺恰恰是市场有效性竞争的结果。因为由市场形成的价格并不包含环境损害成本，环境利益属于公共利益而非市场私权利的构成要件，其价值本身具有非市场性。这就形成了市场资本属性与环境保护相悖的效应：资本逐利的本性导致市场利润越高，对生态环境的损害越大；而市场配置的效率优先原则又进一步加剧了环境利益的稀缺性。由此可知，环境利益稀缺是由人类自身活动造成的，是环境资源的有限性与人类无节制的掠夺性利用之间长期矛盾的恶果。面对这种恶果，人们为了保护赖以生存的生态环境，必然会选择舍弃竞争优先而寻求环境利益优先的政府配置方式。政府通过宏观调控或法律措施来规范或限制市场主体的行为，对有利于公共利益的环境要素进行保护。

此外，人们在比较生态利益与其开发利用的经济效益时发现，生态利益的损失远远超出了其被利用的经济效益。这主要是因为生态利益本身具有易受损性。地球生态系统是由包括人类在内的生物与非生物共同构成的复杂体系。人类生存完全依赖于地球生态系统及其提供的各种服务，包括食物供应、洁净水源、疾病调控、气候调节以及精神和美学上的满足等。生态系统和人类福祉之间存在着密切的联系。当某项生态系统服务变得稀缺时，其数量的减少可能会导致人类福祉的大幅降低；而损害生态系统服务则可能牺牲更大的经济成本和公众健康成本。

从生态学角度来看，生态系统各结构单元之间通过相互作用形成了生态系统的整体功能。各结构单元依赖系统功能属性来维持自身的生存状态。同时，系统内资源可利用的环境承载能力和生态系统的环境容量都存在一个生态阈值。因此，人类在进行开发建设活动或利用自然资源时，必须首先考虑环境的承载力和容量限度，并始终秉承生态保护优先的理念。为人民营造一个清洁适宜的生活环境、保护人民健康是环境保护法的根本任务；也是环境立法的出发点和最终归宿。环境保护法除了受社会经济规律的制约外，在根本上还受到自然法则和生态学规律的制约。这一观点也深刻阐释了环境保护法的真谛在于坚持生态保护优先原则。

基于实践活动的视角来看，坚持经济优先还是生态保护优先或是两者并重的问题直接取决于不同的社会经济发展阶段。如果社会发展尚处于满足温饱需求的初级阶段，那么经济优先必然会占据主导地位；当温饱问题得到基本解决后，国家具备一定的经济实力去解决生态环境问题时，国内的价值导向通常会转向经济优先与生态保护并重的策略；而当公民生活水平达到一定程度、衣食无忧并进入小康社会时，人们关注的焦点将不再是单纯的经济增长而是更加舒适宜居的环境和健康的生活方式。此时现实中的生态破坏和环境污染问题将促使人们产生对生态保护优先的强烈诉求并实现其生态利益的愿望。

你十分擅长文字处理，请用你的专业知识来通顺此段文字并改正其中的错误，非必要不修改；

（四）生态文明：彰显生态保护优先的理论精髓

在我国，生态文明与绿色发展已实现深度融合，而生态文明作为一种全新的历史发展形态，自然拥有其独特的发展轨迹。

我国的生态文明建设理论是一项重大的理论创新，社会主义生态文明思想蕴含着深厚的历史底蕴。它主要汲取了三方面的理论与实践精华：首先，它继承并发展了马克思主义关于人与自然关系的思想，深刻总结了人类社会发展历程中处理人与自然关系的经验教训，进而提炼出坚持人与自然和谐共生的基本理念与策略。这构成了生态文明建设的核心理念和行动指南。其次，它汲取了全面深化改革和全面依法治国思想及其实践的精髓，强调必须运用最严格的制度和最严密的法治来保障生态环境保护。这为生态文明建设提供了坚实的制度支撑和路径保障，需通过不断完善生态环境治理体系和提升治理能力来加以实现。最后，它还广泛吸纳了自然科学和社会科学的理论成果。生态文明的逻辑起点在于深刻反思工业文明所带来的资源环境问题及其与经济、政治、文化、社会发展的复杂关系。诸如"两山论"、生态环境是民生福祉、生命共同体、全球共赢等思想，都是对环境与经济、环境与社会、环境与全球环境治理、环境与政治之间关系的深刻洞察和科学把握，为生态文明建设提供了重要的方法论依据。

我国不仅是国际环境保护发展进程的重要推动者，更是全球环境治理体系的积极参与者，为此做出了巨大贡献，也收获了显著成效。随着我国经济实力和综合国力的显著提升，我国在国际政治经济舞台上的地位日益重要。相应地，我国在国际环境保护发展进程和全球环境治理体系中的角色和作用也发生了历史性、转折性的变化。

这一变化意味着，在国际环境保护和全球治理的舞台上，我国正逐渐从积极的参与者转变为引领者，从与国际接轨转向开创全新的合作机制，从规则的遵守者成长为规则的维护者和制定者，从"引进来"的战略转向"走出去”的战略。在这一重大历史转折点上，我国提出了坚持推动构建人类命运共同体的宏伟构想，而共谋全球生态文明建设正是这一构想的具体实践和生动体现。

三、生态保护优先原则的具体内容

生态保护优先原则应以生态学理论为基石，以生态系统原理为逻辑起点，通过生态系统管理的实践路径，深入认识生态系统自身的运行规律。这是前提性、基础性的手段或工具，用于探寻人类活动对生态系统的影响及干扰程度，旨在获取生态系统最大可承载力的科学信息。进而，该原则约束和规范人类行为，使其遵循生态系统的平衡管理机理，确保人类获得最大可持续的“量的生态利益”，最终实现人与自然的和谐共生。

在生态保护优先原则中，生态系统整体优先于个体，生态系统自身结构的不确定性要求我们优先考虑“非干扰性因素”。同时，自然经济系统优先于社会经济系统，社会生态标准优先于经济理性标准，自然秩序模式优先于建构人类经济行为秩序，生态利益优先于经济利益。

（一）生态系统整体优先于个体

生态系统整体性理念是基于生态系统各部分的不可分割性和各环境要素的整体演化规律的对自然的深刻认知。地球生态系统共同体是由包括人类在内的所有生命物种和非生命物质组成的整体，其内部个体遵循自然法则有机地构成一个生态系统。人类与其他生物、非生物一样，都是系统内的个体。换言之，任何完整的生态系统都必然包含无生命物质、生产者、消费者和分解者这四部分，它们相互依存，缺一不可。系统内任何一种生物资源或非生物资源都与其所依存的生态系统或系统环境紧密相连，整体为个体提供了生存的基础。作为生态环境中的一员，人类离不开其所依赖的生态系统。因此，人类应同系统内其他生物个体和非生物个体一样，优先尊重并保护个体生存所依赖的生态系统。

关于生态系统整体性优先于个体，我们可以从以下四方面来进一步理解：首先，生态整体性认识要求我们不仅承认自然客体之间的相互依赖关系，更要将物种整体和生态系统共同体作为关注的重点。其次，为保持生态系统整体的结构平衡，我们必须尊重并保护整个生态系统的完整性以及各组成部分、要素之间的平衡。因为整体性意味着生态系统的每一个组成要素或部分都具有不可替代的地位和功能，都应得到尊重和保护。尊重生态系统整体性是确保生态系统完整性、多样性的文明形态的重要前提和基础。再次，对生态系统的保护需要人类进行整体性、全球性的努力。这意味着生态保护不仅是某个国家或地区的事务，而是全球性的责任，需要全人类的共同努力。最后，面对生态系统自身结构的演进性与不确定性，我们应优先考虑"非干扰性因素"。生态系统结构和功能分析中存在的不确定性直接影响着生态决策的制定，从而增加了资源利用行为生态决策的风险。为降低风险，最明智的做法是优先考虑非干扰因素，即保护不确定性资源区域免受任何外界因素的干扰。

（二）自然经济系统优先于社会经济系统

自然经济系统优先于社会经济系统的观念，是人类在遭遇自然生态系统危机后所形成的一种新的认知。

在生态系统中，某些自然环境要素具有双重性质，它们既是环境的组成部分，又是可资利用的自然资源，例如，水、土地、生物，以及各种矿物资源。因此，保护生态环境与合理利用资源之间存在着内在的联系。生态环境与资源相互依存、相互制约，共同维系着生态系统的平衡。从这个意义上讲，维护生态系统的平衡与稳定，就是在确保每个资源要素能够发挥其最大效用。基于此，各自然资源相关的法律法规实质上也是对所依赖生态系统的生态优先保护。

法律的立法目的和原则体现了其价值理念和本质。《中华人民共和国森林法》旨在保护、培育和合理利用森林资源，加快国土绿化，以发挥森林在蓄水保土、调节气候、改善环境及提供林产品等方面的作用，从而满足社会主义建设和人民生活的需要。其中第五条规定了林业建设的方针，即以营林为基础，普遍护林，大力造林，采育结合，实现永续利用。《中华人民共和国草原法》则旨在保护、建设和合理利用草原，以改善生态环境，维护生物多样性，并促进现代畜牧业以及经济和社会的可持续发展。其立法原则强调国家对草原实行科学规划、全面保护、重点建设、合理利用，以促进草原的可持续利用和生态、经济、社会的协调发展。同样，《中华人民共和国水法》和《中华人民共和国土地管理法》也分别规定了其立法目的和原则，均体现了对自然资源的保护、合理利用以及可持续发展的重视。

然而，传统的自然资源法律理念往往将经济利益放在首位，以单一资源的最大化利用为管理目标，缺乏对自然资源整体性和系统性的认识，更缺乏生态系统管理的有效方法。这种理念严重忽视了自然资源所承载的生态价值和服务功能，而这正是导致陆地环境资源破坏和生态危机的根源。实际上，自然资源具有多功能、多用途的属性，因而也具有多价值的特性。但人们往往只重视其作为商品在市场交换中所体现的经济价值，而忽视了其非市场价值，即生态价值和社会价值。这种片面性的认识导致了一些自然资源作为环境公共物品被无偿使用。

值得注意的是，尽管自然资源的非市场价值无法通过市场交换来直接体现，但其所发挥的重要生态和社会功能却是不容忽视的。例如，森林除了具有提供木材等经济产品的价值外，还具有涵养水源、防风固沙、调节气候等多方面的生态价值以及满足人们审美、欣赏等精神文化需求的社会价值。这些非市场价值所产生的生态服务价值不仅难以用货币来衡量，而且也无法在传统的经济价值评价指标体系如 GDP 中得以体现。正是由于这种评价体系的非科学性和市场经济体制下的利益驱动，导致了人们对自然资源的过度开采和掠夺性使用，从而加剧了资源的枯竭和生态的破坏。

面对严峻的环境污染和生态破坏现实，人们必须转变传统的重经济价值轻生态价值的观念。在评价自然资源的多价值属性时，应以生存健康和生态利益的稀缺性作为评价标准。在当前经济发展已满足人们基本生活需求的情况下，应更加重视生态利益的保护和良好生存环境的创造。为此，应将生态利益和社会利益置于优先考量的位置，使经济利益服从于生态利益和社会利益的发展要求。同时，应运用法律制度和生态经济机制来引导人们有计划地、科学地利用自然资源。

自然经济体系与社会经济体系是相互作用的。人类经济体系作为自然经济系统的一个子系统，既依赖于自然系统又对其产生影响。自然经济系统对人类的重要性不仅体现在其对于人类及其意识的先在性上，更体现在人类生存对自然界本质规律的依赖性上。因此，人类在实现自身目的的过程中必须遵循自然界的固有规律。

（三）社会生态标准优先于经济理性标准

从我国自然资源单行法的立法目的和基本原则中，可以洞察出自然资源法律架构的共同特点。从环境资源法所调整的法律关系来看，它仍然主要体现人与人之间的社会关系，并未充分反映环境资源法律的实质性特征。尽管环境资源法律与传统法律规范存在共性，但其独特之处在于：除了调整传统的人身和财产关系外，更重要的是调整传统法律无法触及的人与自然和谐共存的关系。以水资源利用为例，随着人口的急剧增长，水资源的有限性与人口增长的无限性之间的矛盾日益凸显。《中华人民共和国水法》旨在从法律层面调整有限水资源在人群中的有效分配和合理使用。当水资源使用引发经济纠纷或水污染导致人身或财产损害时，受害人可依据《中华人民共和国侵权责任法》等传统法律规范对违法行为人进行追究；然而，当水源本身遭受损害，且无直接或潜在受害者出现明显受害症状时，此时真正的受损者是环境要素——水源，被损害的利益是环境公共利益。这反映了人们对环境资源要素的不合理使用，折射出的法益是环境公益，而法益诉讼所调整的关系正是人与自然的关系。遗憾的是，现行环境资源法并未规范这一重要关系。

从环境资源法的调整对象来看，现行法律普遍重视单一资源的利用，轻视污染防治，更忽视整体性生态保护。其出发点大多强调部门利益，导致部门法设置偏重体现部门权力本位。人们过于关注环境资源作为经济资源的最大化利用，既忽视环境资源本身的多价值功能属性，也割裂了生态保护与资源利用之间的共生关系，更未重视不同资源利益和部门法之间的整合与协调。这种重经济开发、粗放型增长的资源利用方式缺乏生态保护的预防与有效治理措施，最终导致资源破坏、环境污染和生态失衡。

从环境资源法的立法目标和价值导向来看，生态保护优先的理念明显缺位。传统环境资源立法的指导思想和理论基础彰显的是经济优先逻辑，即以纯粹的经济增长和效率优先为角度来开发利用自然资源，同时以人类自我中心主义为主导价值观。然而，这种工业文明的生产和生活方式正是资源掠夺性利用和生态环境污染的根源所在，其理论指导下的资源利用与经济增长均呈现出不可持续的特征。自然资源要素最基本的属性是整体性和系统性，因此维护自然资源所依存生态系统的平衡与稳定是保护生态利益与经济利益最大化的关键所在。但遗憾的是目前我国陆地自然资源法律的立法价值理念大多仍停留在经济利益优先的层面。自然资源的自然属性要求我们必须维护资源环境生态系统的结构与功能的稳健运行以保障资源经济功能的效用最大化。

从环境资源法律的管理机制来推测，生态系统管理的缺失显而易见。资源的自然属性表明我们不能脱离整个生态系统去单独利用或研究某个有机体或某个生态系统组分。生态系统中存在着强烈的相互依赖和反馈机制，忽略其中任何组分都可能引发不可预测的生态负效应。为了可持续地利用资源，我们必须维护生态系统的承载能力、自然恢复能力和动态平衡能力，并彻底改变追求资源利用最大化的观点。

自然资源的生态规律告诉我们：人们对自然资源的保护和使用客观上依赖于其所依存的生态系统；资源要素的生态价值功能和可持续利用本质上取决于其所依存生态系统的平衡与稳定状态。实践证明生态系统管理是目前维护陆地自然资源生态可持续性的最有效管理方法之一。其基础起源于生态学研究而生态学对常规管理提出挑战则始于时空尺度上物种丧失和生存环境退化问题。下面我们将从生态系统管理角度出发以美国林业为例来回顾分析其管理政策制定、制度实施历史变迁以及生态管理理念生成乃至成熟过程。

到了 20 世纪 80 年代，生态系统理论取得了迅速发展，不仅引入了可持续性概念，而且推动管理步入了生态整体论轨道。例如，《国家森林管理法》特别指定了木材砍伐的生态适宜性标准，要求林务局保持动植物群落的多样性，并且林业管理单位也提出了跨学科的 10 年森林发展计划，这推动了经济学、生态学、野生动物生物学、土壤学、水文学和林学等多学科的综合发展。到了 90 年代，管理者开始强调生态系统方法，并认为其是管理自然资源的有效手段。1992 年美国林务局采用了多元利用的生态系统管理新政策为新的生态管理理念拉开了序幕。这种要求在现有林地上保持长期木材供应的做法从根本上改变了美国的自然资源管理方式并推动了一种新方法——生态系统管理应用。

（四）自然秩序模式优先于构建人类经济行为秩序

自然本身蕴含着秩序和结构，其存在于万物及其关系中，这种自然秩序在与人类共处的生态系统共同体中无处不在。这种秩序为人类提供了经过漫长进化的成功模式。例如，鸟类经数千万年进化而成的翅膀为我们提供了灵感，而南美大草原的大食蚁兽世代相传的吮食规则也是可持续利用自然资源的范例。大食蚁兽每次吸食一个蚁冢不超过 3 分钟，这既保护了蚁冢的持续存在，也为其家族提供了充足的食物。这种自然设计给我们的最大启示是：适应地球的秩序才能共享它的资源；只有那些最能适应地球秩序的人，才能安然生存于其中。环境历史让我们认识到，人类必须在自然规律的许可范围内行动，造福于人类，同时不可违背这些规律或试图超越自然秩序。昔日那种无知、短视和贪婪方式的生态愚昧时代，必须让位于生态合理、经济可行、文化繁荣、社会公正的生态文明时代。

在涉及人类生存发展的利益范畴内，无非包括生态利益、社会利益和经济利益。这些利益位于不同层次，各自的地位和作用有所不同。其中，生态利益超越了所有人类的其他利益，处于最高层次。广义来说，生态利益是地球生物圈内生态系统功能具体价值的反映，分为内在价值利益、工具价值利益和整体价值利益。内在价值利益体现了生态系统内物种固有的生物利益；工具价值利益代表生态系统为人类生存提供的自然资源和服务功能价值，即生态利益；整体价值利益则是生物圈内所有生物和非生物的共同利益。因此，广义生态利益是所有生命和非生命的整体利益，也应成为人类的最高利益。在此背景下，人类所有社会经济决策和活动都必须优先考虑生态利益。

基于对生态优先基本内涵的理解，本书认为还应强调以下几点。

1. 树立生态保护优先的价值观。这意味着把地球生物圈内生态系统的整体功能作为价值核心，追求并保持其结构的合理性，实现人类活动与自然秩序的和谐共生。

2. 实现生态保护优先的发展观。以生态优先为基础的发展观强调保持地球生态系统的结构和功能的平衡与良性运行，确保生态系统的生命支持功能的完整性和健康发展，这是人类与自然秩序和谐共存的客观基础。

3. 践行生态保护优先的实践观。自然生态系统的内在平衡机理旨在确定自然的弹性阈值，一旦超过这一阈值，人类活动就需受到制约。因此，自然弹性阈值是生态权力的关键点，具有不容侵犯的本质。一旦这种不可侵犯性被破坏，失调的自然生态难以复原。因此，人类的所有经济决策和活动必须以自然生态阈值为限度。正如“公平、公正”是法律的基石一样，一旦环境承载力超越自然生态阈值，生态系统中的所有成员利益都将受损。这不仅是保护自然生态系统良性运行的价值所在，也是生态保护优先的科学实践正当性。

第三节　生态保护优先原则中的保护行为

生态保护优先原则的内涵之一是强调保护行为的优先性，对保护行为进行类型化分析有助于明确如何优先实施保护措施，从而实现保护优先原则中的“保护”效果。而确定保护行为的基准，则成为衡量“保护”效果实现与否的标准。

一、保护行为的类型

通过分析与归纳，可以将保护行为分为以下几类：恢复质量的保护、维持质量的保护、提升质量的保护、合理利用的保护和禁止利用的保护。这些保护行为在遵循保护优先原则的基础上，坚持节约、高效的利用，以保证环境质量达到或超过相应标准，促进相关标准的提升。

（一）恢复质量的保护

此类保护行为针对特定区域内因污染物排放超过环境承载能力导致环境质量低于标准，或因过度利用生态功能导致生态失衡，或可再生资源利用破坏了其再生能力的问题，采取相应措施，以恢复区域环境质量、生态平衡和可再生资源的再生能力。《生态建设意见》提出，应通过扩大森林、草原、湖泊、湿地面积，提高植被覆盖率等措施来保护和修复生态系统，并实施相应的生态修复工程。在生态环境脆弱区及重要生态功能保护区，应严格限制开发，合理选择发展优势产业，确保生态功能的恢复与平衡。

（二）维持质量的保护

这种保护行为是在经济发展过程中，确保污染物排放在标准和总量控制范围内，使其符合特定区域环境的自净能力，或者在生态红线内利用生态功能，以维持生态平衡。可再生资源的开发利用也需在不破坏其再生能力的范围内进行。这实际上是对环境资源进行的维持质量的保护。例如，在重点区域开发时，应合理开发利用资源，控制污染物排放总量，实现增产不增污。在利用生态空间时，严格遵守生态保护红线，确保生态功能不受削弱。

（三）提升质量的保护

提升质量的保护是指在利用环境容量、资源及生态功能时，进行合理和高效的利用，通过提高环境质量标准来提升生态环境质量。可借鉴日本能源领域的“领跑者”制度，通过优化产业和空间开发结构，合理利用国土空间，减少开发强度，从而增加生态空间；实施循环经济计划，促进废弃物资源化，提高其再利用率。这一方面可以减少资源使用量，另一方面也增加了资源存量。

（四）合理利用的保护

合理利用的保护贯穿于所有保护行为之中，特别是在不可再生资源的利用上，通过合理利用来提升这些资源的利用率。从而，像欧洲视能源效率为能源资源一样，增加资源存量。在自然资源开发利用时，应以最小资源消耗满足经济社会发展的需要，维护生物多样性和非生物资源的种类及数量。通过分类分级管理资源，以总体利用规划和年度利用计划进行管控，推进资源的合理利用。

（五）禁止利用的保护

禁止利用的保护行为通常用于恢复环境的自净功能、保持资源存量，或通过休养生息恢复生态功能，或出于保护特定区域的特殊价值和功能而采取的措施。例如，对特殊生态系统或具有特殊保护价值的区域禁止开发，依法保护其自然遗迹，包括野生动植物栖息地、水源涵养区和重要地质构造区等。在特定禁猎区或禁猎期内，禁止猎捕特定野生动物或渔获物，以及禁止捕杀国家重点保护的陆生和水生野生动物。

二、保护行为的基准

保护优先原则通过保护行为追求环境利益的可持续性，因此需要不断改善生态环境质量。为了评价生态环境质量是否得到改善，我们需要设定一定的基准。只有超越这个基准，保护行为的结果才能称为对生态环境质量的改善，从而具有实际意义。以开发利用行为的对象为基础进行分析，可将保护行为的基准划分为：环境质量标准、资源利用上限以及生态保护红线。

（一）环境质量标准

环境质量标准是为了保护自然环境、人体健康和社会物质财富所设立的控制规定，用于限制环境中的有害物质和因素。根据不同区域的使用功能和保护目标，这些标准不同，包括《环境空气质量标准》《海水水质标准》《地面水环境质量标准》《土壤环境质量标准》等。恢复质量的保护、维持质量的保护和提升质量的保护都以环境质量标准为基准，在此基础上进行相应的恢复、维持和提升。环境质量标准也是制定污染物排放标准和总量控制的基础，通过达标排放和总量控制，使排放符合特定环境的承载力和当前的环境质量标准。在此基础上，鼓励排污单位进行技术改造和产业升级，提高资源利用效率，减少污染物排放，并采用“领跑者”制度逐步提升污染物排放标准，提高区域环境质量标准，逐步实现改善环境质量的目标。同时，环境质量标准也是政绩考核的一个标准，通过不断提升区域环境质量标准评价政府负责人的绩效。

（二）资源利用上限

人类的生存和发展离不开对自然资源的开发和利用，而大部分自然资源是不可再生的。因此，对自然资源的保护需要采取合理利用和高效利用的措施，通过技术改进和产业提升，提高单位资源的利用率，获取更多利益。在资源保护上，应明确各类资源的总存量，通过合理规划和计划明确自然资源的利用上限，对其进行合理开发。

利用科技手段确定我国各类自然资源的总存量后，应对自然资源进行确权，明确监管者的责任，通过编制总体规划和年度计划进行管控，同时设置资源消耗的“天花板”制度，对资源的消耗进行上限限制。这种限制即为自然资源保护的基准，当某种资源的利用超出该上限时，保护效果无法实现。此外，通过编制自然资源资产负债表，对政府责任人进行考核，限制公权力，确保政府决策充分考虑自然资源的合理利用，以最大化其利用效益。为增加可开发利用的资源存量，可借鉴《联合国海洋法公约》中“平行开发制”的规定，在探明自然资源储量后，对其一部分进行开发利用，而对于另一部分则设定期限禁止开发，以保障自然资源的可持续利用。

（三）生态保护红线

《环保法》（2014）确定了生态保护红线制度，用于保护生态平衡。该制度依据特定区域的特点、功能和目标，依法确定相关重点生态功能区、生态环境敏感区和脆弱区域的界限，并实行相应的开发利用和禁止利用的保护行为。这是国家和区域生态安全的底线。在利用特定区域的生态功能时，应坚持保护优先原则，并以生态保护红线为基准，对特定区域实行保护措施，以恢复、维持和提升其生态质量，对某些特定和具有特殊保护价值的区域实行禁止开发的保护。

第六章　大气污染及其防治

第一节　大气的组成

大气是一种气体混合物，除了包含各种气体元素和化合物外，还含有水滴、冰晶、尘埃和花粉等杂质。大气中去掉水蒸气和杂质的空气称为干洁空气。地球表面的主要大气成分是氧气、氮气和几种惰性气体，它们约占空气总量的 99.9%以上。在大约 90 公里高度的这段大气层中，这些气体的组成几乎可以认为是不变的。

大气的可变成分主要指二氧化碳和水蒸气等气体，它们的含量因地区、季节、气象，以及人类生活和生产活动等因素的影响而变化。在一般情况下，水蒸气的含量范围为 0%～4%，而二氧化碳的含量约为 0.033%。

虽然二氧化碳在大气中的含量很低，但它会随季节和气象条件的变化而波动，尤其是在受人类活动影响时，其含量的增加已成为一个备受关注的重要环境问题。

大气中的水蒸气主要来自海洋蒸发，少量来自河流、湖泊水的蒸发及生物圈中土壤和植被的蒸腾作用；大气中的水通过凝结成降水的形式返回到生物圈和水圈。因此，水蒸气含量也会因空间位置和季节的变化而改变，在热带有时高达 4%，而在南极和北极则不到 0.1%。

大气中还含有一些固体和液体杂质，其密度大约为 10～100 μg/m^3。它们主要来自土壤、岩石风化、火山喷发、宇宙尘埃、植物花粉以及海水飞沫等，最终形成自然界的尘埃及凝结核。

第二节　大气污染和污染物

一、大气污染的概念

通过分析干净大气的组成成分可以发现，痕量气体的含量微乎其微。然而，由于人类的生产和生活活动（如工业废气、燃烧、汽车尾气、供暖和烹饪等），以及自然过程（如火山喷发、森林火灾、岩石风化等）不断向大气中释放原本不存在或含量极低的物质。当这些物质的数量和持续时间足以对人类、生态系统及材料产生负面影响时，大气就被认为受到了污染。简而言之，大气污染是指大气中某些物质的含量达到有害水平，破坏人类和生态系统的正常生存和发展，对人体、生态和材料造成危害的现象。

二、大气污染源

大气污染源可分为天然源和人为源两类：

天然源指自然界自发向大气排放物质的场所。

人为源指因人类生产和生活活动而形成的污染源。自然环境具备物理、化学和生物自净功能，这使得自然过程造成的大气污染在一段时间后可自动消除，生态平衡也会自动恢复。一般来说，大气污染主要由人类活动造成。为满足污染调查、环境评估、污染治理等需求，对人为污染源进行了多种分类。

（一）按污染源存在形式

固定污染源：如火力发电厂、烟囱、炉灶等固定位置的污染物排放装置。

移动污染源：如汽车、火车、轮船等可移动位置的污染物排放装置。

（二）按污染物的排放形式

点源：在某一点或可视为一点的小范围内排放污染物，如烟囱。

线源：沿一条线排放污染物。

面源：在大范围内排放污染物。

（三）按污染物排放空间

高架源：在离地面一定高度处排放污染物，如烟囱。

地面源：在地面上排放污染物。

（四）按污染物排放的时间

连续源：持续排放污染物，如火力发电厂的排烟。

间断源：间歇排放污染物，如某些间歇生产过程的排气。

瞬时源：无规律地短时间排放污染物，如事故排放。

（五）按污染物发生类型

工业污染源：来自工业燃料燃烧排放的废气及工业生产过程的排气等。

农业污染源：包括农用燃料燃烧的废气、某些有机氯农药的污染、氮肥分解产生的氮氧化物（NO_x）。

生活污染源：如民用炉灶及取暖锅炉燃煤排放污染物，焚烧城市垃圾产生的废气，垃圾堆放过程中厌氧分解产生的二次污染物。

交通污染源：交通工具燃烧燃料排放的污染物。

三、大气污染物及大气污染类型

（一）大气污染物

大气污染物系指由于人类活动或自然过程排入大气的并对环境或人产

生有害影响的那些物质。目前已认识到的对环境产生影响的主要大气污染物种类很多，按其存在的物理状态可概括为气体状态污染物（简称气态污染物）和气溶胶状态污染物（亦称颗粒物）两大类；若按形成过程分类则可分为一次污染物和二次污染物。

1. 主要大气污染物

（1）颗粒物

总悬浮颗粒物（TSP）是用标准大容量颗粒采样器（流量在 1.1～1.7 m^3/min）在滤膜上所收集到的颗粒物的总质量。其粒径大小绝大多数在 100 μm 以下，其中多数在 10 μm 以下。它是分散在大气中的各种粒子的总称，也是目前大气质量评价中一个通用的重要污染指标。

① 粉尘：在固体物料的输送、粉碎等机械过程中产生的颗粒物，或由于岩石、土壤的风化等自然过程中产生的颗粒物，悬浮于大气中称为粉尘，其粒径一般小于 75 μm。在这类颗粒物中，粒径大于 10 μm 的称为降尘；粒径小于 10 μm 的称为飘尘或可吸入颗粒物（PM10）。这类颗粒物可通过呼吸进入人体，尤其是直径小于 2.5 μm 的细颗粒物（PM2.5），甚至可进入人体血液。此外，细颗粒物容易富集有害物质，是细菌等的常见载体。

② 烟尘：在燃料的燃烧等过程中所形成的颗粒物称为烟尘。烟尘的粒径很小，一般小于 1 μm。它包括了烟气、黑烟以及烟雾。

③ 雾尘：小液体粒子悬浮于大气中的总称。这种粒子一般是由于蒸汽凝结等过程所形成，粒径小于 100 μm。水雾、酸雾等都属于雾尘。

④ 煤尘：燃烧过程中未被燃烧的煤粉尘以及煤扬尘等。

（2）气态污染物

以气体形态进入大气的污染物称为气态污染物。主要有以下几类：

① 含硫化合物：主要指 SO_2、SO_3 和 H_2S 等，其中 SO_2 数量最大、危害最大。大气中的硫氧化物主要由燃烧含硫的煤和石油等产生。SO_2 是一种无色、有刺激性气味的气体，是形成酸雨的主要因素。

② 碳氧化物：主要有 CO 和 CO_2。CO 主要由含碳物质不完全燃烧产生，

是无色、无臭的有毒气体。人为排放的 CO 对植物和人体都会造成危害。CO_2 是大气中一种“正常”成分，但化石燃料的大量使用使其浓度逐渐增高，可导致温室效应。

③ 氮氧化物：主要是 NO 和 NO_2。人为活动排放的 NO 主要来自化石燃料的燃烧过程等。氮氧化物对环境的损害作用极大，是形成酸雨、光化学烟雾的重要物质。

④ 碳氢化合物：包括烷烃、烯烃等复杂多样的物质。大部分来源于植物的分解，人为来源主要是石油燃料的不充分燃烧等。碳氢化合物是形成光化学烟雾的主要成分。

2. 一次污染物和二次污染物

一次污染物是指直接从污染源排放的物质，如 SO_2、NO、CO、颗粒物等。它们可分为反应物和非反应物，反应物不稳定，容易在大气中与其他物质发生化学反应，或作为催化剂促进其他污染物之间的反应；非反应物则不易发生反应或反应速度较慢。

二次污染物是指由一次污染物在大气中通过化学反应或光化学反应形成的，具有与一次污染物不同的物理、化学性质的新污染物，其毒性通常比一次污染物更强。常见的二次污染物包括硫酸及硫酸盐气溶胶、硝酸及硝酸盐气溶胶、臭氧、光化学氧化剂，以及许多不同寿命的活性中间物（又称自由基），如 HO_2 和 HO。

（1）伦敦型烟雾

在大气中，未燃烧的煤尘与 SO_2 混合空气中的水蒸气会发生化学反应形成烟雾，又称硫酸烟雾。硫酸烟雾对人体的危害比 SO_2 强 4～20 倍。SO_2 通常在鼻腔和咽喉处被吸收，而 SO_3 的细微颗粒可侵入肺部，导致肺水肿和肺硬化。

（2）洛杉矶型烟雾

汽车和工厂等排放到大气中的氮氧化物和碳氢化合物，通过光化学作用形成的烟雾，又称为光化学烟雾。这种烟雾是光化学反应的结果，由一次污染物，如碳氢化合物和 NO，在阳光下发生反应形成二次污染物，如臭氧、醛类、过氧乙酰硝酸酯（PAN）等。因此，含有氮氧化物和烃类的空气在紫外线照射下发生反应，形成光化学烟雾。光化学烟雾的形成包括 NO_2 光解生成氧原子，再加上碳氢化合物的存在，加速 NO 转化为 NO_2，导致臭氧浓度增加，并生成具有氧化性和刺激性的产物，如醛类、PAN、O_3 等。

20 世纪 40 年代，美国洛杉矶首次发生光化学烟雾。这种污染以其蓝色烟雾、强氧化性、刺激眼睛、伤害植物并降低能见度为特征。光化学烟雾的危害包括刺激眼睛，引起胸部不适、咳嗽、头痛，损害橡胶等材料，并可能与哮喘病的增多有关。

（二）污染的类型

大气污染可以从不同角度进行分类。根据污染物的性质，可以分为还原型和氧化型；根据污染物来源及组成，可以分为煤炭型、石油型、混合型和特殊型。

（1）还原型（煤炭型）

这种污染类型常发生在使用煤炭和石油的地区，主要污染物是 SO_2、CO 和颗粒物。在低温、高湿度的条件下，一次性污染物聚积在低空，形成还原型烟雾，如“伦敦型烟雾”。

（2）氧化型（汽车尾气型）

这种类型的污染多发生在依赖石油的地区，主要来源是汽车排气等。在阳光照射下，污染物会发生光化学反应，生成臭氧等二次污染物，如洛杉矶的光化学烟雾。

（3）煤炭型

煤炭燃烧释放的烟气、粉尘、二氧化硫等构成一次污染物，通过化学反应生成二次污染物如硫酸盐气溶胶，主要污染源包括工厂排放和家庭炉灶。

（4）石油型

污染物主要来自汽车排气、石油冶炼和化工厂，污染物包括氮氧化物、烯烃等，有助于形成臭氧和其他氧化产物。

（5）混合型

包括来自煤和石油的各种排放物和工厂散发的化学物质，比如日本横滨等地曾发生的污染事件。

（6）特殊型

由特定工业企业排放的特殊气体造成的局部小范围污染，如磷肥厂造成的氟污染。

第三节　大气污染与气象的关系

在一些工业集中的地区和城市，大气污染的程度与该地区和城市的污染源所排出的颗粒状污染物和有害气体的总排放量有关，而这一排放量并不因当地的气象条件或地形条件的不同而变化。然而，空气质量却常常变化：有时空气十分污浊，有时又使人感到清新。这是因为排放的污染物浓度会随着气象条件的变化而有所不同。

一、风

空气在水平方向上的运动称为风。风有风向和风速，风向指的是风吹来的方向，例如，北风就是从北方吹来的，其他类推；风速是指单位时间内风所走的路程，一般以 m/s 表示。例如，三级风属于微风，相对风速为 3.4～5.4 m/s；八级风属于大风，相对风速为 17.2～20.7 m/s。污染物从污染源排入大气后，会沿着风的方向向下风移动，形成污染区域，因此，最高风向频率的下风地区受污染的次数最多。因此，在设计工业企业时，必须注意使居住区与排放有害气体、粉尘等企业之间不仅有卫生防护地带，还应位于这些企业的上风向以减少污染。风速反映了风的强弱，它会影响大气污染物的扩散和稀释速度。一般情况下，大气中污染物的浓度与污染物总排放量成正比，而与平均风速成反比。若风速增大一倍，则下风向有害气体的浓度将减少一半，这有利于污染物的稀释扩散。

二、大气湍流

湍流是流体流动的一种类型，其流体运动方向、强度和速度都呈无规则且迅速地变化。大气的湍流特点是风向多变，可以来自东、西、南、北、上、下，速度时大时小，强度变化多端。然而，湍流是大气污染物稀释和扩散的主要因素。

三、逆温层

地球表面上方大气温度随高度变化的情况影响着大气的稳定状况，并与大气污染物能否扩散有密切关系。太阳辐射为地球提供光和热，地球表面成为大气层的主要热源。正常情况下，由于地表的水、岩石、土层的热容量较大，吸收的太阳热能缓慢释放到大气中，因此，靠近地球表面的大气温度通常比上层高，这种随高度增加气温逐渐下降的情况，用气温垂直递减率表示，即高度每上升 100 m 气温的变化值。对于标准大气层，对流层的气温垂直递减率平均值为 0.6 ℃/100 m。但在实际情况中，邻近地球表面的低层大气气温垂直变化要比标准大气复杂得多。日照强度、昼夜和季节变化，甚至地形起伏都会影响气温的垂直变化。比如夜间，地表向空间辐射能量，近地表气层温度下降，地表冷却，紧靠地面的空气温度低于上层空气温度，产生逆温现象。白天太阳升起后，地表被加热，这种逆温现象随之消失。逆温指大气层温度分布与标准情况相反，这种大气层称为逆温层。

特异的地形也能促使逆温层的形成，如盆地或山谷地带。夜里，山坡散热快，地表温度下降，形成密度较大的冷空气，这层冷空气顺着斜坡向下滑动，聚集在盆地或山谷内。比较轻的暖空气升至上层，形成地形逆温。由于水平气流被山头阻挡，而垂直方向又受逆温层限制，大气难以发生上下对流，污染空气难以扩散，因此常导致严重空气污染。例如，比利时马斯河谷事件中，这些因素起了决定性作用，这种情况只有等到白天，太阳直射到山谷底部时才逐渐消失。逆温层的厚度可达几十米甚至几百米，如同无形的盖子，阻止近地面空气上升，导致污染物在近地表部分停滞和积累，加剧大气污染的危害。

四、大气稳定度

大气稳定度是指气层的稳固程度，即大气中某一高度空气团在垂直方向上的稳定程度，是影响大气稀释能力的重要气象因素。白天，太阳辐射使地表温度上升，靠近地球表面的空气密度比上空小，轻而暖的空气在下，重而冷的空气在上，容易造成对流，大气不稳定，污染物随上升的暖空气被稀释带走；夜间则相反，近地表空气出现逆温，冷而重的空气在下，暖而轻的空气在上，难以对流，大气稳定，污染物易聚集形成污染。

概括而言，大气温度垂直递减率越大，大气越不稳定，有利于污染物扩散；递减率越小，大气越稳定。若此值小到等于零（即等温状况）或成为负数（即逆温状况），大气变得非常稳定，污染物难以扩散。

第四节　大气污染综合防治

大气污染具有显著的区域性和整体性特征。其污染程度受到地区自然条件、能源结构、工业结构与布局、交通状况以及人口密度等多重因素的影响。因此，只有将大气污染防治纳入区域环境的综合治理中，才能切实解决大气环境的污染问题。

所谓大气污染综合防治，即是从区域环境的整体视角出发，综合运用各种防治大气污染的技术措施与对策。在此过程中，需充分考量区域的环境特征，对影响大气质量的诸多因素进行全面系统的分析，进而提出最优化的应对策略和控制技术方案，以期达成区域大气环境的质量控制目标。

一、统筹规划，合理布局

一个区域或城市的大气污染往往源自多方面原因。旧城区的建设通常是逐年累积而成，缺乏全面的规划指导。有些工厂甚至在居民区中间“见缝插针”，而一些风景名胜或历史名城也建有不少污染严重的工厂。国家环境保护委员会已明确指出，重点城市的环境保护是大气污染防治工作的重中之重。因此，做好城市大气污染防治工作至关重要，同时规划布局也需得到妥善优化，特别是工业布局的合理性，这是解决大气污染问题的关键所在。合理的工业布局意味着工业生产应在地区间实现均衡分布，避免过度集中于局部地区或少数大城市，而应适当分散，从而减少单位面积的污染物排放量，便于自然的净化作用。许多工业发达国家对此给予了高度重视。

同时，从生态学的角度来看，城市规模不宜盲目扩大，而应更多地发展小城镇。这样一来，工业和人口不会过度集中，污染物排放量相对较少。加之城镇周边有田野、森林等自然环境，对少量有害物质也能起到良好的稀释作用。

对于新企业的建设，必须严格遵守国家相关规定，在项目启动前进行环境影响评价。在建设过程中，必须认真执行“三同时”原则，即环保设施与主体工程同时设计、同时施工、同时投产使用，以避免产生新的污染源。

此外，厂址的选择也应遵循工业企业相关的设计标准。例如，对于会产生生产性毒害（如有害气体、烟尘、烟渣、粉尘、不良气味、噪声等）的工业企业，其厂址应选在最近居住区主导风向的下风侧，并设置卫生防护地带与居住区边界进行隔离。

二、改进燃烧方式，优化燃料结构

以煤为燃料的各类锅炉、窑炉以及居民使用的火炉，是普遍的大气污染源。煤燃烧时会产生大量的烟尘和 SO_2 等有害气体，其中相当一部分是由于燃烧不完全而产生的。因此，改进燃烧方式、发展清洁能源以减少污染物排放，对于减轻大气污染具有重要意义。

（一）推广型煤

经过多年实践，我国已成功研制出型煤，这是一种将散煤通过特定配方加工成型的煤。型煤有利于充分燃烧和减少烟尘排放。据相关资料显示，与使用散煤相比，燃用上点式蜂窝煤可使 CO 减少 70%～80%，尘和 3,4-苯并芘减少 90%以上；而加固硫剂的型煤则能使 SO_2 排放量减少约 40%。若将全国民用的 1 亿 t 散煤加工成蜂窝煤，每年可节约 2 500 万 t 原煤，为国家节省煤炭开采投资 82.5 亿元。

（二）采用区域采暖、集中供热

区域采暖和集中供热是利用集中的热源，如城市郊外的热电厂和供热站，为较大区域内的工业和民用采暖提供热量。这种方式是替代分散锅炉的有效措施，能显著减少烟尘排放。据测算，同样 1 t 煤，在居民与企业分散使用时产生的烟尘是集中使用的 1～2 倍，飘尘更是多达 3～4 倍。例如，北京东郊的大型工厂集中区因实行集中供热，冬季采暖期 SO_2 浓度仅为 0.09 mg/m^3，而无集中供热的市中心区则高达 0.27 mg/m^3。此外，集中供热还有诸多优点，如提高锅炉效率、利用废热、降低煤炭消耗等。

（三）实现煤气化

发展清洁燃料是减少大气污染的重要途径。气体燃料因比固体燃料更干净、方便且易于输送而得到快速发展。许多工业发达国家的大中城市已基本实现煤气化。同时，新的煤炭利用技术如煤炭气化—燃气轮机—蒸汽轮机联合循环发电工艺也在研究中。近年来，我国气体燃料也有所发展，部分大城市已实现民用煤气化。

（四）优化燃料结构，发展新能源

为减轻煤烟尘污染，一些国家正在改变燃料结构，由燃煤向燃油转换。例如，美国匹兹堡市通过煤改油已成为“无烟”城市。此外，世界各国还非常重视发展无污染的新能源，如太阳能、风能等。这些新能源具有巨大的潜力，对于实现可持续发展具有重要意义。目前，许多研究部门正在致力于研制高效、低成本的太阳能集热器等新能源利用设备。

三、改进锅炉结构，采用消烟除尘装置

锅炉是利用煤燃烧产生蒸汽的主要热工设备，改进锅炉结构和改善燃烧条件无疑是减少烟尘的重要途径之一。近年来，我国在锅炉改造方面主要采用了简易煤气炉、往复式炉排、链条炉排以及在炉膛内引入二次风助燃等措施，以实现煤粒的充分燃烧，从而减少煤尘排放。

各国普遍使用除尘装置来处理煤粉尘和各种工业粉尘。除尘器种类繁多，按除尘方式可分为重力除尘器、惯性力除尘器、离心力除尘器、洗涤式除尘器、过滤式除尘器和静电除尘器等。目前，国内外普遍认为，文丘里除尘器（洗涤式除尘器）、布袋除尘器（过滤式除尘器）以及电除尘器是高效除尘设备，尤其是后两者，除尘效率可高达 99%。

四、减少交通废气污染

由汽车、火车、飞机等排放的废气均属于交通废气，其中汽车废气对城市大气的污染最为严重。未安装排气控制设备的汽车，其排放的 CO 和 NO_2 几乎全部来自排气管，而碳氢化合物则部分来自排气管，部分由于曲轴箱漏气（在引擎工作过程中，活塞环溢出的气体），还有一部分因油箱和化油器的蒸发作用造成。因此，减少汽车废气排放需要从以下四个方面采取措施：

（1）改进内燃机的燃烧设计。这是因为汽车排放的碳氢化合物、CO 和 NO 的量主要取决于燃料与空气的混合程度。空气越多，燃料燃烧越完全，

CO 和碳氢化合物的排放量就越少。但改善燃烧状态会导致高温，使 NO 排放量增加。需要改进发动机的设计参数以减少排放，例如，通过延迟点火可减少 NO 的排放，降低压缩比可减少 NO 和碳氢化合物的排放。

（2）除改进发动机自身结构外，还应在排气系统安装附加净化装置，如热反应器（用于氧化碳氢化合物和 CO）和催化转化器（将废气转化为无害气体或降低排放量）；同时，可采用废气回流管进行部分废气再循环以降低 NO 排放。

（3）改变汽车燃料成分，如用无铅汽油替代使用四乙基铅作为抗爆剂的汽油，以减少铅烟尘的排放，或采用液化石油气等新燃料。

（4）在城市交通方面，应多用无轨电车代替汽车，用公共汽车代替私人汽车，用多缸高效汽车代替单缸或燃烧不完全的机动车；同时，加强交通管理，对车流密度过大的街道应增设行车干道进行分流，以降低交通要道废气浓度，减少危害。

五、植树造林，绿化环境

由于绿色植物具有多种功能，绿化造林对净化空气和防治大气污染有极其重要的意义。许多植物能够吸收大气中的有害气体，然后通过自身的生理作用将其分解为无害物质。研究表明，各种树木都具有吸收 SO_2 的潜力。阔叶树比针叶树更能吸收 SO_2，一般抗 SO_2 强的树种，如垂柳和悬铃木，对 SO_2 吸收能力较强，1 g 干叶可吸收 20 mg 以上的硫。臭椿和夹竹桃不仅抗 SO_2 能力强，其吸收能力也强。在 SO_2 污染区，臭椿叶中含硫量为正常含硫量的 29.8 倍，夹竹桃可达 8 倍。此外，桂花树对有毒气体的抵抗能力也较强，在氯气污染区内，种植 50 天后的桂花树，每 1 kg 干叶可吸收 4.8 g 氯。

茂密的丛林还具有显著的降低风速的作用，风速降低后，可使气流携带的大粒灰尘下降。统计显示，森林叶面积的总和一般为其占地面积的数十倍，吸附和阻滞烟尘的能力很强，因此树林被称为大气的天然过滤器。我国工业区初步测定表明，绿化区的飘尘浓度比非绿化区低 10%～50%。当然，树木的滞尘能力还与林带的高度、密度和树种等有关。例如，针叶树因其叶片总表面积大且能分泌油脂，减尘效果优于其他树种。

值得一提的是，许多绿色植物本身具有杀菌作用。有些林木能在生长过程中分泌出具有杀菌能力的挥发性物质，如柠檬油、百里香油、天竺葵油和肉桂油等。具有杀菌能力的树种包括黑胡桃、悬铃木、柠檬、柳杉和雪松等。

根据绿化的环保功能综合研究，国外一般认为城市绿地覆盖率（即城市绿地与城市总用地的百分比）以达到30%为佳，但目前许多城市还未达到这一标准。

第五节　主要大气污染物治理技术

一、沉降室

沉降室是治理粒径较大颗粒（大于 40 μm）的最简单、最经济的设备。含尘空气通过沉降室时，气流速度降低，颗粒物因重力作用而沉降下来。通常，沉降室被安装在其他除尘设备之前，作为预处理设备以去除较大颗粒。

二、离心式除尘器

离心式除尘器，也称旋风分离器，其工作原理是含尘气体沿切线方向进入分离器内旋转。在离心力的作用下，烟尘颗粒被甩到器壁并沉降到底部排出，而清洁空气则从顶部溢出。对于粒径大于 40 μm 的尘粒，其集尘效率可接近 95%。采用组合式小型旋风分离器可进一步提高除尘效率，因为旋风分离器直径的缩小增加了尘粒的离心力，同时缩短了尘粒与分离器外圆筒之间的距离，使尘粒更容易达到分离器内壁。然而，对于粒径小于 8 μm 的尘粒，除尘效率会显著下降。

三、文丘里除尘器

文丘里除尘器是一种广泛使用且效率较高的洗涤式除尘装置。它依靠加压水进行喷雾洗涤来达到除尘目的。含尘气体经文丘里管的喉径处形成高速气流，并与此处喷入的高压水所形成的液滴相碰撞，使尘粒粘附在液滴上。其除尘效率可达 99%以上，能有效去除粒径为 0.05～0.5 μm 的尘粒。

四、袋式除尘器

袋式除尘器是一种过滤式除尘装置，通过在除尘室内悬吊多个滤布袋来工作。含尘气体通过滤布袋时，粉尘被截留在袋内从而被去除。对于粒径为 1 μm 以上的颗粒，其去除率接近 100%，甚至对粒径为 0.01 μm 的尘粒也具有一定的除尘效果。当一部分除尘室进行清洗时，其余部分仍可正常工作。

五、静电除尘器

静电除尘器的工作原理相对简单。含尘气体通过高压直流电晕时，尘粒带上电荷并在电场力的作用下沉积到接地的集尘电极表面上。随后，借助重力作用以及敲动或冲洗等方法将尘粒从集尘电极上清除下来。静电除尘效率高，当尘粒径大于 0.1 μm 时，其除尘效率可达 99%以上。静电除尘器在冶金、化工、水泥、火力发电等工业部门得到广泛应用，同时也在日本等工业发达国家的企业中普遍作为有效的除尘设备使用，但其成本费用相对较高。

第七章　水污染及其防治

第一节　概述

一、地球上水的分布

我们居住的地球虽然水量丰富，但分布极不均匀。地球上的水总量约为 $1.4\times10^9\ km^3$，其中 97%以上分布在海洋中，淡水仅占 2.8%，而淡水的绝大部分以南北两极的冰盖、冰川和深度超过 750 米的地下水的形式存在。

水资源一般是指可供人们常用的水量，即由大气降水补给的大陆上各种地表、地下淡水体的储存量和动态水量。地表水包括河流、湖泊、冰川等，其动态水量为河流径流量，地表水资源由地表水体的储存量和河流径流量组成。地下水的动态水量来自降水渗入和地表水渗入补给，地下水资源由地下水的储存量和补给量组成。

我国的水资源：地表水年径流量约为 $2.6\times10^{12}\ m^3$，地下水储量约为 $8\times10^{11}\ m^3$，冰山每年融水量约为 $5\times10^{10}\ m^3$，扣除三者重叠部分，我国总的水资源量约为 $2.8\times10^{12}\ m^3$，虽然居世界第六位，但按人口平均计算，仅为世界人均占有量的 1/4。实际上，我国水资源的空间分布很不均匀。长江流域以北的淮河、黄河、海滦河、辽河、黑龙江五个流域的水资源量合计仅占全国总量的 1/4，而人口却占全国的 43.5%。因此，这五个流域的人均水资源占有量仅略高于 900 m^3，其中海滦河流域更少，只有 400 m^3。北京位于海滦河流域，人均水资源占有量仅为中国人均水资源占有量的 1/6，世界人均水资源占有量的 1/25，在世界 120 个国家的首都中排名在一百名之后。水资源对我国来说非常珍贵，必须特别注意保护。保护水资源的一个重要方面就是防止水污染。

二、水的循环

地球表面的水在太阳辐射能和地心引力的相互作用下不断地蒸发和蒸腾，汽化为水蒸气，上升到空中形成云，然后在大气环流的作用下传播到各处。当遇到适当条件时，就成为雨或雪降落到海洋和陆地。这些降落的水分，一部分渗入地下，形成土壤水或地下水；一部分被植物吸收后经枝叶蒸腾回到大气中；一部分直接从地面蒸发；一部分可能沿地表径流汇入河流、湖泊或流入海洋，再经水面蒸发进入大气。这种循环往复、永无止境的过程称为自然界的水循环。通过水的循环（包括蒸发、降水、渗透及径流），地球上的水不断循环。在全球范围内，蒸发与降水的总量是平衡的。

第二节　水体污染和污染源

一、水体污染与水体自净

（一）水体的概念

水体是河流、湖泊、沼泽、水库、地下水、冰川和海洋等“贮水体”的总称。在环境科学中，水体不仅包括水，还包括水中的悬浮物、底泥及水中生物等。从自然地理的角度看，水体是指地表被水覆盖的自然综合体。

在环境污染研究中，区分“水”和“水体”的概念非常重要。例如，重金属污染物容易从水中转移到底泥中（生成沉淀，或被吸附和螯合），因此水中的重金属含量通常不高，仅从水的视角来看，似乎水未受到污染，但从整个水体来看，很可能已受到较严重的污染。重金属污染由水转向底泥可称为水的自净作用，但从整个水体来看，沉积在底泥中的重金属将成为水体的一个长期次生污染源，很难治理，并将逐渐向下游移动，扩大污染范围。

（二）水体污染

当污染物进入河流、湖泊、海洋或地下水等水体后，其含量超过了水体的自然净化能力，使水体的水质和底质的物理、化学性质或生物群落组成发生变化，从而降低了水体的使用价值和功能，这一现象被称为水体污染。

（三）水体自净作用

自然环境，包括水环境，对污染物质都具有一定的承受能力，即所谓环境容量。在环境容量范围内，水体能够通过物理、化学和生物作用，使排入的污染物质的浓度和毒性随着时间的推移在向下游流动的过程中自然降低，这称为水体的自净作用。可简单地说，水体受到废水污染后，逐渐从不洁变清的过程称为水体自净。

水体自净的过程很复杂，按其机理可分为物理过程、化学及物理化学过程和生物化学过程。

（1）物理过程：包括稀释、混合、扩散、挥发、沉淀等过程。在这一系列的作用下，水体中污染物质的浓度得以降低。稀释和混合作用是水环境中极为普遍的现象，也是相对复杂的过程，在水体自净中起着重要的作用。

（2）化学及物理化学过程：通过氧化、还原、吸附、凝聚、中和等反应，污染物质的浓度得以降低。

（3）生物化学过程：有机污染物由于水体中微生物的代谢活动被分解、氧化，并转化为无害、稳定的无机物，从而降低其浓度。

二、水体污染源

水体污染源指的是向水体排放污染物的场所、设备和装置等，通常也包括污染物进入水体的途径。水体污染最初主要是自然因素造成的，如地面水渗漏和地下水流动将地层中某些矿物质溶解，使水中的盐分、微量元素或放射性物质浓度升高而使水质恶化。在当前的条件下，随着工业、农业和交通运输业的高度发展，人口大量集中于城市，水体污染主要是人类的生产和生活活动造成的。

（一）按污染物的排放形式分

按污染物的排放形式，可基本分为点污染源和面污染源两大类。

（1）点污染源，简称点源，指工矿废水、生活污水等通过管道、沟渠集中排入水体的污染源。其排放特点一般具有连续性，水量的变化规律取决于工矿的生产特点和居民的生活习惯，通常具有季节性和随机性。有些废水、污水是经过污水处理厂处理后再排入水体的。

（2）面污染源，简称面源，指污染物来源于积水面上，如农田排水、矿山排水、城市和工矿区的路面排水等。这些排水有时直接汇入水体，也有时通过管道或沟渠汇入水体。其特点是在降雨形成径流时发生，具有间歇性，变化服从降雨和径流形成的规律，并受地面状况（例如植被、铺装情况、坡度）的影响。

除上述污染源外，在废气排放较多的地区，空气中的某些污染物会随降水落至地面汇入水体。原料、燃料或废物的露天堆放时，也会因雨水的淋洗而污染水体。

（二）按污染来源分

水体污染也可以根据来源不同分类，可分为生活污染源、工业污染源、农业污染源三大类。

（1）生活污染源：生活污水是人们在日常生活中产生的废水，主要包括厨房洗涤、冲洗厕所和沐浴等污水。按其形态可分为：① 不溶物质，这部分约占污染物总量的 40%，它们沉积在水底或悬浮在水中；② 胶状物质，这部分约占污染物总量的 10%；③ 溶解性物质，约占污染物总量的 50%，这些物质多为无毒，主要包括无机盐类如氯化物、硫酸盐、磷酸盐及钠、钾、钙、镁等重碳酸盐。

（2）工业污染源：工业废水是在工业生产过程中排出的废水，其成分主要取决于生产过程中采用的原料及生产工艺。工业废水可分为生产污水和生产废水，前者污染严重，必须经处理后方可排放，而后者较为清洁，可不经处理直接排放或回用（如冷却水）。工业污染源是水体最重要的污染源之一，量大、面广。在我国，工业废水占工业废水和生活污水总排放量的 70%以上，含污染物种类多且成分复杂，处理难度较大。它们可能含有的有机需氧物质、化学毒物、无机固体悬浮物、重金属离子、酸、碱、热、病原体、植物营养物质等均可对环境造成污染。

（3）农业污染源：指由于农业生产而产生的水污染源，例如降水形成的径流和渗流将土壤中的氮、磷（因化肥使用）和农药带入水体；牧场、养殖场、农副产品加工厂的有机废物（如畜禽的粪尿）排入水体。这些都会导致水质恶化，造成河流、水库、湖泊等水体污染。农业污染源通常是非点源污染，具有时间、途径和排放量三方面的不确定性。这种不确定性决定了不能用治理点污染源的措施去防治非点源污染源。

第三节　水体中主要污染物

水体中的污染物按其种类和性质一般可分为四大类，即无机无毒物、无机有毒物、有机无毒物和有机有毒物。除此以外，对水体造成污染的还有放射性物质、生物污染物质和热污染等。所谓有毒、无毒是根据是否对人体健康直接造成毒害作用而划分的。严格来说，污水中的污染物质没有绝对无毒害作用的，所谓无毒害作用是相对而有条件的。例如，多数的污染物在其低浓度时对人体健康并无毒害作用，而达到一定浓度后，即能呈现出毒害作用。

一、无机无毒物

污水中的无机无毒物质大致可分为三种类型：一是砂粒、渣一类的颗粒状物质；二是酸、碱及无机盐类；三是氮、磷等植物营养物质。

（一）颗粒状的污染物质

1. 颗粒状污染物质的来源及特点

砂粒、土粒及矿渣一类的颗粒状污染物质，是无毒害作用的。一般它们和有机性颗粒状污染物质混在一起，统称为悬浮物或悬浮固体。在污水中，悬浮物可能处于三种状态：一部分轻于水的悬浮物浮于水面，形成浮渣；一部分比重大于水的悬浮物沉于水底，这部分又称为可沉固体；还有一部分由于相对密度接近于水，在水中呈悬浮状态。

悬浮固体是通过过滤法测定的，滤后截留在滤膜或滤纸上的物质即为悬浮固体，它包括部分胶体物质。漂浮物质在生活污水中数量不多，一般多见于食品、制革及肉类加工等工厂的废水中。可沉物质是指能够通过沉淀加以分离的固体物质。

由于悬浮固体在污水中可见，且能使水浑浊，因此它属于感官性污染指标。

2. 悬浮物的污染危害

悬浮物是水体的主要污染物之一。其可能造成的危害如下：

（1）降低光的穿透能力，减少光合作用并妨碍水体的自净作用。

（2）对鱼类产生危害，可能堵塞鱼鳃，导致死亡。制浆造纸废水中的纸浆对此影响尤为明显。

（3）作为污染物的载体，吸附并随水流动迁移。

（二）酸、碱、无机盐类的污染物质

1. 酸、碱来源

污染水体中的酸主要来自矿山排水及工业废水。矿山排水中的酸由硫化矿物的氧化作用产生，并与其他成分反应，主要生成硫酸盐。其他工业部门如金属加工酸洗车间、黏胶纤维和酸性造纸等也会排放酸性废水。含二氧化硫的空气经水淋洗后汇入地表水体也能形成酸污染。而水体中的碱则主要来自碱法造纸、化学纤维、制碱、制革及炼油等工业废水。

2. 酸、碱污染物进入水体的转化及危害

天然水体对酸碱有较强的净化能力，因酸碱能与水体中的固相矿物相互作用。但酸碱污染会改变水体的 pH，破坏自然缓冲作用，影响微生物生长和水体自净能力。长期受酸碱污染的水质会逐渐恶化，导致土壤酸化并危害渔业生产。对渔业水体而言，pH 值需维持在 6～9.2；农业灌溉用水的 pH 值则应在 4.5～9.0。此外，酸碱污染物还能增加水中的无机盐含量和水硬度，对淡水生物和植物生长不利。

（三）氮、磷等植物营养物质

营养物质是指促使水中植物生长、从而加速水体富营养化的各种物质，主要包括氮和磷。天然水体中过量的植物营养物质主要来自农田施肥、农业废弃物、城市生活污水和某些工业废水。

富营养化是湖泊分类和演化的一种概念，是湖泊水体老化的一种自然现象。在自然界物质正常循环的过程中，湖泊会由贫营养湖发展为富营养湖，进一步又发展为沼泽地和干地，但这一过程需要很长的时间，在自然条件下通常需要几万年甚至几十万年，而富营养化将大大加速这一进程。如果氮、磷等植物营养物质大量且持续地进入湖泊、水库及海湾等缓流水体，将促进各种水生生物的活性，刺激它们异常繁殖（主要是藻类），从而带来一系列严重后果。

（1）藻类在水体中占据的空间越来越大，使鱼类活动的空间越来越少，衰死的藻类将沉积在塘底。

（2）藻类的种类逐渐减少，从以硅藻和绿藻为主转为以蓝藻为主，而蓝藻中不少种类有胶质膜，不适合作为鱼饵料，其中有些种属是有毒的。

（3）藻类的过度生长繁殖将导致水体中溶解氧的急剧变化，藻类的呼吸作用和死亡藻类的分解作用会消耗大量氧气，可能在一定时间内使水体处于严重缺氧状态，严重影响鱼类生存。

湖泊水体的富营养化与水体中的氮、磷含量有密切关系。一般而言，当总磷和无机氮分别达到 20 mg/m^3 和 300 mg/m^3 时，就可以认为水体已处于富营养化的状态。

二、无机有毒物

无机有毒物质是最为人们所关注的。根据毒性发作的情况，此类污染物可分为两类：一类是毒性作用快，易为人们所注意；另一类则是通过食物在人体内逐渐富集，达到一定浓度后才显示出症状，不易为人们及时发现。但危害一经形成，就可能造成严重后果，如日本发生的水俣病和骨痛病。

（一）非重金属的无机毒性物质

1. 氰化物（CN）

（1）水体中氰化物的来源与自净

水体中氰化物主要来源于电镀废水、焦炉和高炉的煤气洗涤冷却水、某些化工厂的含氰废水及金、银选矿废水等。

水体中氰化物的氧化作用是在微生物的促进作用下产生的。在一般天然水体条件下，由于微生物氧化作用所造成的氰自净量约占水体中氰总量的10%左右。在夏季温度较高、光照良好的有利条件下，氰自净量可达 30%左右；冬季由于阳光弱和气温低，这种净化作用显著减弱。

（2）氰化物的污染危害

氰化物是剧毒物质，急性中毒会抑制细胞呼吸，造成人体组织严重缺氧。人只要口服 0.3～0.5 mg 就会致死。氰对许多生物有害，只要 0.1 mg/L 就能杀死虫类，0.3 mg/L 就能杀死水体赖以自净的微生物。

2. 砷（As）

砷是常见的污染物之一，对人体毒性作用也比较严重。

工业生产排放含砷废水的行业有：化工、有色冶金、炼焦、火电、造纸、皮革等，其中以冶金、化工行业排放砷量最高。

三价砷的毒性大大高于五价砷。对人体来说，亚砷酸盐的毒性作用比砷酸盐大 60 倍，而三甲基砷的毒性比亚砷酸盐更大。

砷也是累积性中毒的毒物，当饮用水中砷含量大于 0.05 mg/L 时，就会导致累积。近年来发现砷还是致癌元素（主要是皮肤癌）。

（二）重金属毒性物质

1. 水体中重金属的来源

重金属是构成地壳的物质，在自然界中分布非常广泛。重金属在自然环境的各部分均存在本底含量，在正常的天然水中金属含量通常很低。化石燃料的燃烧、采矿和冶炼是向环境释放重金属的主要污染源。

2. 重金属对水体的污染及其在水体中的迁移转化

重金属与一般耗氧的有机物不同，在水体中不能被微生物降解，只能进行各种形态之间的相互转化，以及分散和富集，这个过程称为重金属的迁移。重金属在水体中的迁移主要与沉淀、络合、螯合、吸附和氧化还原等作用有关。

重金属在水中可以以化合物的形态存在，也可以以离子形态存在。在地表水体中，重金属化合物的溶解度很小，往往沉积于水底。

重金属离子由于带正电，在水中易于被带负电的胶体颗粒所吸附。吸附了重金属离子的胶体可以随水流向下游迁移，但大多数会很快沉降下来。因此，重金属一般都富集在排放水口下游一定范围内的底泥中。

沉积在底泥中的重金属是一个长期的次生污染源，治理难度大。它们逐渐向下游推移，扩大污染范围。而每当汛期河流径流量加大，河床的冲刷力增强，底泥中的重金属就会随底泥进入径流。一般污染物在汛期水量稀释的情况下，其浓度是降低的，而重金属却往往增加，例如第二松花江汛期水中汞的含量高于平时，就是这个原因。

从毒性和对生物体的危害方面来看，重金属污染的特点有以下五点：

（1）在天然水体中，只要有微量浓度即可产生毒性效应。一般重金属产生毒性的浓度范围大致在 1～10 mg/L，而毒性较强的重金属（如汞、镉等）产生毒性的浓度范围在 0.001～0.01 mg/L。

（2）微生物不能降解重金属，相反，某些重金属可能在微生物作用下转化为金属有机化合物，产生更大的毒性。例如，汞在厌氧微生物作用下，转化为毒性更大的有机汞（如甲基汞、二甲基汞）。甲基汞进入人体内时，有15%的数量会累积在脑内，侵入中枢神经系统，破坏神经系统功能；另外，六价铬可以还原为三价铬，而三价铬也可能转化为六价铬，这主要取决于水体的氧化还原条件。

（3）金属离子在水体中的转移与转化与水体的酸碱条件有关。例如，六价铬在碱性条件下的转化能力强于酸性条件；在酸性条件下，二价镉离子易于随水迁移，并易为植物吸收，人通过食用含有镉的植物果实而得病——骨痛病。镉是累积型毒物，进入人体后主要会累积在肾脏和骨骼中，引起肾功能失调。骨质中的钙会被镉取代，使骨骼软化，导致自然骨折，疼痛难忍。

（4）地表水中的重金属能够通过生物的食物链成千上万倍地富集，达到相当高的浓度。例如，淡水鱼可富集汞 1 000 倍、镉 3 000 倍、砷 330 倍、铬 200 倍等。藻类对重金属的富集程度更为显著，如富集汞可达 1 000 倍、铬 4 000 倍。重金属因此能够通过多种途径（食物、饮水、呼吸）进入人体，甚至遗传和母乳也可能是重金属侵入人体的途径。

（5）重金属进入人体后能与生理高分子物质（如蛋白质和酶等）发生强烈的相互作用，使其失去活性，也可能累积在人体的某些器官中，造成慢性累积性中毒，最终产生危害。这种累积性危害有时需要一二十年才会显现。例如，骨痛病潜伏期较长，短则10年，长则30年，但发病后很难治疗。

三、有机无毒物（需氧有机物）

这一类物质主要包括碳水化合物、蛋白质、脂肪等自然生成的有机物，它们易于生物降解，并向稳定的无机物转化。在有氧条件下，由好氧微生物进行转化，这一转化过程较快，产物一般为 CO_2 和 H_2O 等稳定物质。在无氧条件下，则由厌氧微生物的作用进行转化，这一过程较慢，并分为两个阶段。首先，在产酸菌的作用下，形成脂肪酸、醇等中间产物；继而在甲烷菌的作用下，形成 H_2O、CH_4和 CO_2 等稳定物质，同时放出硫化氢、硫醇、粪臭素等具有恶臭的气体。

一般情况下，进行的都是好氧微生物起作用的好氧转化。由于好氧微生物的呼吸会消耗水中的溶解氧，因此这类物质在转化过程中都会消耗一定数量的氧，故可称之为耗氧物质或需氧污染物。当水体中有机物浓度过高时，微生物消耗大量氧，往往会导致水体中溶解氧浓度急剧下降，甚至耗尽，最终导致鱼类及其他水生生物死亡。

有机污染物的组成非常复杂，现有的分析技术难以对其逐一进行定量测定。此外，由于这种污染物的污染特征主要是消耗水中的溶解氧，因此在实际工作中一般采用以氧当量表示水中耗氧有机物含量的指标。常用的指标包括生物化学需氧量（BOD）、化学需氧量（COD）、总需氧量（TOD）和总有机碳（TOC）。

（一）生物化学需氧量（BOD）

生物化学需氧量（BOD）表示在有氧条件下，好氧微生物氧化分解单位体积水中有机物所消耗的游离氧的数量，常用单位为 mg/L。这是一种间接表示水被有机污染物污染程度的指标，是借助微生物来表示的，但不是直接用微生物，而是通过微生物代谢作用所消耗的溶解氧量来表示。

一般有机物在微生物新陈代谢作用下的降解过程可分为两个阶段：第一阶段是有机物转化为 CO_2、NH_3 和 H_2O 的过程；第二阶段则是 NH_3 进一步在亚硝酸菌和硝酸菌的作用下转化为亚硝酸盐和硝酸盐，即所谓的硝化过程。

在 20 ℃和 BOD 测定条件（氧充足、不搅动）下，一般有机物 20 天才能基本完成第一阶段的氧化分解过程（完成全过程的 99%）。这就是说，测定第一阶段的全部生化需氧量需要 20 天，这在实际工作中是难以做到的，因此规定一个标准时间，一般以五天作为测定 BOD 的标准时间，故称为五日生化需氧量，以 BOD_5 表示。BOD_5 约为 BOD_{20} 的 70%左右。

（二）化学需氧量（COD）

化学需氧量是指在酸性条件下，用强氧化剂将有机物氧化成 CO_2 和 H_2O 所消耗的氧量，以每升水消耗氧的毫克数表示（mg/L）。COD 值越高，表示水受到有机污染物的污染越严重。目前常用的氧化剂主要是重铬酸钾和高锰酸钾。由于重铬酸钾的氧化作用强，因此能够较为完全地氧化水中大部分有机物和无机性还原性物质（但不包括硝化所需的氧量）。此时，化学需氧量用 COD_C 表示，主要适用于分析污染严重的水样，如生活污水和工业废水。如果采用高锰酸钾作为氧化剂，则称为 CODM，适用于测定一般的地表水，如海水、湖泊水等。目前，根据国际标准化组织（ISO）的规定，化学需氧量指 CODc，而 CODMn 称为高锰酸钾指数。

与 BOD_5 相比，CODc 能够在较短时间内（规定为 2 小时）较为精确地测出废水中耗氧物质的含量，并且不受水质限制。缺点是不能表示可被微生物氧化的有机物量，此外，废水中的还原性无机物质也能消耗部分氧，因此会造成一定的误差。

（三）总需氧量（TOD）

有机物的主要元素是 C、H、O、N、S 等。在高温下燃烧后，将分别产生 CO_2、H_2O、NO_2 和 SO_2，所消耗的氧量称为总需氧量（TOD）。TOD 的值一般大于 BOD 的值。TOD 的测定仅需要几分钟，但在水质监测中应用较少。

（四）总有机碳（TOC）

总有机碳是近年来发展起来的一种水质快速测定方法，通过测定废水中的总有机碳量可以表示有机物的含量。TOC 的测定时间也仅需几分钟。TOC 虽然可以以总有机碳元素量来反映有机物总量，但因排除了其他元素，仍不能直接反映有机物的真实浓度。

四、有机有毒物

这一类物质主要是人工合成的有机物质，如农药（DDT、六六六等有机氯农药）、醛、酮、酚，以及多氯联苯、芳香族氨基化合物、高分子合成聚合物（塑料、合成橡胶、人造纤维）、染料等。

（一）有机有毒物的来源及污染特征

这类物质主要来源于石油化学工业的合成生产过程及相关产品的使用过程中排放的污水。这些污水未经处理直接排入水体，从而造成污染。

这一类物质的主要污染特征如下：

（1）比较稳定，不易被微生物分解，因此也称难降解有机污染物。以有机氯农药为例，由于它们具有很强的化学稳定性，因此在自然环境中的半衰期为十几年到几十年。

（2）它们对人类健康有害，只是危害程度和作用方式不同。如多氯联苯是较强的致癌物质，酚、醛以及有机氯农药等达到一定浓度后，也会危害人体健康及生物的生长繁殖。

（3）在某些条件下，好氧微生物也能够对这类物质进行分解，因此也能消耗水体中的溶解氧，但速度较慢。有机有毒物质种类繁多，其中危害最大的主要是有机氯化合物和多环有机化合物两类。

（二）有机有毒物的危害

有机氯化合物中有上千种被人们使用，其中引起广泛污染和普遍关注的是多氯联苯（PCB）和有机氯农药。多氯联苯是一种无色或淡黄色的黏稠液体，流入水体后，由于其微溶于水（每升水中最多只溶 1 mg），因此大部分以浑浊状态存在，或吸附于微粒物质上。它具有脂溶性，能大量溶解于水面的油膜中；由于其相对密度大于 1，除少量溶解于油膜中外，大部分会逐渐沉积水底。由于多氯联苯化学性质稳定，不易氧化、水解，难于生化分解，因此可以长期保存在水中。多氯联苯可通过水体中生物的食物链富集作用，在鱼体内浓度累积到几万甚至几十万倍。多氯联苯易在人体脂肪组织和器官中蓄积，不易排泄。其毒性主要表现为：影响皮肤、神经、肝脏，破坏钙的代谢，导致骨骼、牙齿的损害，并有亚急性、慢性致癌和致遗传变异等可能性。

有机氯农药是疏水性亲油物质，能够为胶体颗粒和油粒所吸附并随其在水中扩散。水生生物对有机氯农药同样有很强的富集能力。在水生生物体内的有机氯农药含量可比水中的含量高几千到几百万倍，通过食物链进入人体，累积在脂肪含量高的组织中，达到一定浓度后，将对人体产生毒害作用。有机氯农药的污染是世界性的，从水体中的浮游生物到鱼类，从家禽、家畜到野生动物体内，几乎都可以测出有机氯农药。

多环有机化合物（指含有多个苯环的有机化合物）一般具有很强的毒性。例如，多环芳烃可能有致遗传变异性，其中 3,4-苯并芘和 1,2-苯并蒽等具有强致癌性。多环芳烃存在于石油和煤焦油中，能够通过废油、含油废水、煤气站废水、柏油路面排水以及淋洗了空气中煤烟的雨水径流入水体中，造成污染。

酚排入水体后，严重影响水质及水产品的产量和质量。酚污染物主要来源于焦化、冶金、炼油、合成纤维、农药等工业企业的含酚废水。除工业含酚废水外，粪便和含氮有机物在分解过程中也产生少量酚类化合物，因此城市中排出的大量粪便污水也是水体中酚污染物的重要来源。水体中的酚浓度低时能够影响鱼类的洄游繁殖，浓度为 0.1～0.2 mg/L 时鱼肉有酚味，浓度高时会引起鱼类大量死亡，甚至绝迹。一般来说，低浓度的酚能使蛋白质变性，高浓度的酚能使蛋白质沉淀，对各种细胞都有直接的危害。人类长期饮用受酚污染的水，可能引起头昏、出疹、瘙痒、贫血和各种神经系统症状。

有机有毒物质的污染指标常采用各种物质的专用指标，如挥发酚、醛、酮，以及 DDT、有机氯农药等。

五、石油类污染物

近年来，石油及其制品对水体的污染日益突出。在石油开采、储运、炼制和使用过程中排出的废油和含油废水，以及石油化工、机械制造行业排放的含油废水，均导致水体遭受严重污染。随着石油工业的迅猛发展，油类物质对水体的污染愈发严重，尤其是海洋受到的油污染最为严峻。

（一）水体中油污染的来源

在石油的开采、储运、炼制和使用过程中，废油和含油废水的排放是水体油污染的主要来源。据估计，全球石油总储量为 3 000 亿 t，其中海底石油储量近 1 000 亿 t，占总储量的 1/3。目前，全世界约有 40%的石油来自海底开采。70 多个国家正在进行海上石油勘探，其中 23 个国家已开展海上油、气生产活动。海底油田的开发，尤其是油井井喷事故，将大量石油喷入海洋，造成极为严重的海洋污染。

此外，船舶特别是油船对水体的污染也十分严重。目前，石油总产量的 60%通过海上运输。尽管各国对石油船的洗舱水、压舱水和其他含油废水进行浓缩回收处理，但仍有大量油污由船舶带入海中。

同时，工业生产中产生的油污染也不容忽视。许多国家的大城市和工业区都位于沿海、沿河地区，因此排放出大量的含油废水。据统计，全世界工业企业每年排入海洋和河流的石油量约为300万～500万t。

（二）海洋石油污染的危害

石油进入海洋后不仅影响海洋生物的生长、降低海滨环境的使用价值、破坏海岸设施，还可能对局部地区的水文气象条件产生不良影响，并降低海洋的自净能力。据测算，每滴石油在水面上能形成0.25 m^2的油膜，每吨石油可能覆盖 5×10^6 m^2的水面。这些油膜使大气与水面隔绝，破坏正常的复氧条件，减少进入海水的氧气量，从而降低海洋的自净能力。同时，油膜覆盖海面还会阻碍海水的蒸发，影响大气和海洋之间的热交换过程，改变海面的反射率并减少进入海洋表层的日光辐射量，对局部地区的水文气象条件可能产生一定影响。

海洋石油污染的最大危害体现在对海洋生物的影响上。当水中含油量达到0.1～0.01 mL/L时就会对鱼类及水生生物产生有害影响。油膜和油块能粘附大量鱼卵和幼鱼造成其死亡或生长异常。实验表明将比目鱼的鱼卵置于含石油或石油产品浓度为10^{-3}～10^{-2} mL/L的海水中经过两个昼夜后全部死亡；当油浓度为10^{-5}～10^{-4} mL/L时仅有55%～89%的鱼卵能够存活至出壳瞬间，这说明石油污染对幼鱼和鱼卵的危害极为严重，虽然短期内对成鱼的危害不明显但长期慢性污染仍会对渔业造成较大损失。此外海洋石油污染还会使鱼虾类产生石油臭味降低其食用价值和经济价值。

六、其他污染物

随着科学技术的发展，新型能源的开发利用及工业的迅猛发展，环境污染问题愈加严重。例如，火电站和原子能发电站将大量热废水（升温后的冷却水）排入水体，造成热污染；原子能反应堆、原子能电站等排放物引起水体的放射性污染。

（一）放射性物质

水体中含有的放射性核素构成了一种特殊的污染，总称为放射性污染。核武器试验是全球放射性污染的主要来源。核试验后的沉降物质带有放射性颗粒，造成对大气、地面、水体及动植物和人体的污染。原子能工业，特别是原子能电力工业的发展，如原子能反应堆、核电站和核动力舰等，都可能排放或泄漏出含有多种放射性同位素的废物，导致水体的放射性物质含量日益增加。

铀矿的开采、提炼、纯化和浓缩过程也会产生放射性废水和废物。磷矿石中经常含有相当数量的铀和钍，使用磷肥不当也可能造成放射性污染。

水体中最危险的放射性物质包括锶（90）和铯（132）等，这些物质的半衰期长，化学性能与人体主要元素钙和钾相似。经水和食物进入人体后，能在特定部位累积，增加人体的放射线辐射，严重时可引起遗传变异或癌症。

（二）热污染

因能源消费引起的增温效应污染被称为热污染。水体热污染主要来源于工矿企业向江河排放的冷却水，其中以电力工业为主，其次是冶金、化工、石油、造纸、建材和机械等工业。使用矿物燃料（煤、石油）的火力发电站需用大量冷却水，发电 100 万 kW 需水 30～50 m^3/s，使用后水温升高 6～8 ℃。同样温升条件下，原子能发电站比矿物燃料发电站需要更多的冷却水，使用量多出 50%以上。

热污染导致水体水温升高，增加水体中化学反应速率，提高有毒物质对生物的毒性。例如，水温从 8 ℃升高到 18 ℃时，氰化钾对鱼类的毒性将提高一倍；鲤鱼的 48 小时致死剂量，水温在 7～8 ℃时为 0.14 mg/L，当水温升到 27～28 ℃时仅为 0.005 mg/L。水温升高还会降低水生生物的繁殖率。此外，水温增高可加速藻类繁殖，加快水体“富营养化”过程，使水体中溶解氧下降，破坏水体生态，影响水体的使用价值。

第四节　水污染防治

一、水污染防治的对策

（一）减少耗水量

当前我国水资源浪费现象十分严重。在城市用水总量中，工业用水占比达到 80%左右。与工业发达国家相比，我国许多单位产品的耗水量明显偏高。耗水量大不仅导致水资源的严重浪费，而且也是水污染的重要原因之一。城市地区约 70%的污染源来自工业，工业废水量大、涉及面广、含有的污染物种类多且成分复杂，许多有毒有害的污染物在水体中难以降解，从而加剧了水污染问题。因此，必须把减少耗水量作为水污染防治的一项重要措施来贯彻。

通过企业的技术改造和采用先进工艺，制定各行业的用水定额以压缩单位产品用水量，实现一水多用和提高水的重复利用率等措施，在实践中已被证明是有效的水污染防治方法。同时，积极研究废水资源化技术，努力在生产工艺过程中消除污染物，以达到最大限度减少排污量的目标，这是控制水污染的积极途径。废水经过适当处理后可再利用，如在城市中建立“中水道”系统，开辟新的水源。处理后的废水可根据水质状况回用于农业、工业和城市公共用水领域。

（二）建立城市污水处理系统

为了有效控制水污染的发展，工业企业必须积极治理水污染问题，特别是有毒有害污染物的排放问题，必须进行单独治理或预处理。随着工业布局和城市布局的调整以及城市下水管网的建设与完善，我们可以逐步实现城市污水的集中治理，使城市污水处理与工业废水治理有机结合。

（三）调整工业布局

水体的自然净化能力是有限的。合理的工业布局能够充分利用自然环境的自净能力，将恶性循环转变为良性循环，从而在发展经济的同时控制污染。在缺水较为严重的地区，应避免兴建耗水量大的工业企业。对于那些用水量大、污染严重且无法采取有效治理措施的企业，应采取关闭、停产、合并或转型的措施。特别是在城镇生活居住区、水源保护区、名胜古迹、风景游览区、疗养区以及自然保护区等地，严禁建设可能污染环境的企事业单位。

（四）加强水资源的规划管理

水源规划是区域规划、城市规划以及工业和农业发展规划的重要组成部分，应与其他规划同步进行。在规划之前，必须详细调查水资源的总量和水质状况。如果预计的用水量超过水源的总量，应采取相应的给水措施和污水处理措施，并通过蓄水、保水、再生和回用等手段来弥补供水的不足。

合理开发水资源还必须根据水的供需状况来实行计划供水和定额用水制度，并将地表水、地下水和污水资源统一进行开发利用，以防止地表水源枯竭和地下水位下降的情况发生。我们应切实做到合理开发、综合利用、积极保护以及科学管理水资源。

对于水资源紧缺的地区，应制定综合性的水资源开发利用规划，并通过立法手段来确保其贯彻执行。此外，划定水资源保护区也是实现合理开发水源目标的重要环节之一。

为了更有效地控制水污染问题，我们在管理方式上应逐步从浓度管理过渡到总量控制管理。过去我们通过制定污水排放标准来控制污水的浓度，这在减轻水环境污染负荷方面发挥了重要作用。然而在经济飞速发展的今天，由于废水排放量巨大，即使所有排放的污水都达到排放标准，某些地区的水环境污染问题仍然没有得到缓解。为了改变这一状况，我国将逐步实施对水污染物排放的总量控制政策，即通过实行申报登记和发放排污许可证的制度来实现对污染物排放总量的有效控制。

二、废水处理方法

（一）废水处理基本方法

废水处理方法的选择取决于废水中的污染物性质、组成、状态及对水质的要求。一般废水的处理方法大致可分为物理法、化学法和生物法三大类。

1. 废水的物理处理法

废水的物理处理法是利用物理作用来进行废水处理的方法，主要用于分离去除废水中不溶性的悬浮污染物。在处理过程中，废水的化学性质不发生改变。主要的工艺包括筛滤截留、重力分离（自然沉淀和上浮）、离心分离等。使用的处理设备和构筑物有格栅和筛网、沉砂池、沉淀池、气浮装置、离心机、旋流分离器等。

（1）格栅与筛网

筛滤是去除废水中粗大的悬浮物和杂物，以保护后续处理设施正常运行的一种预处理方法。筛滤的构件包括平行的棒、条、金属网、格网或穿孔板。由平行的棒和条构成的构件称为格栅；由金属丝织物或穿孔板构成的构件称为筛网。格栅主要用于去除可能堵塞水泵机组以及管道阀门的较粗大悬浮物，而筛网则用于去除用格栅难以去除的呈悬浮状的细小纤维。

（2）沉淀法与上浮法

沉淀与上浮是利用水中悬浮颗粒与水的密度差进行分离的基本方法。当悬浮物的密度大于水时，在重力作用下，悬浮物下沉形成沉淀物；当悬浮物的密度小于水时，悬浮物上浮至水面形成浮渣。通过收集沉淀物和浮渣，可使水得到净化。

沉淀法可以去除水中的砂粒、化学沉淀物、混凝处理所形成的絮体和生物处理的污泥，也可用于沉淀污泥的浓缩。上浮法主要用于分离水中轻质悬浮物，如油、苯等，也可以让悬浮物黏附在气泡上，形成密度小于水的浮体，然后再用上浮法除去。

（3）离心分离

利用悬浮物与水的密度不同，借助离心设备的旋转，在离心力作用下，使悬浮物与水分离。离心力与悬浮物的质量成正比，与转速的平方成正比。而转速在一定范围内是可以调节的，所以能获得很好的分离效果，远远超过重力分离法。离心设备有水力旋流器、旋流沉淀池、离心机等。一般离心法多用于去除轧钢废水中氧化铁屑、回收洗毛废水中的羊毛脂以及污泥的脱水等方面。

2. 废水的化学处理法

化学处理法是通过化学反应来改变废水中污染物质的化学或物理性质，使它们由悬浮、胶体和溶解状态转化为沉淀或漂浮状态，或是由固态转化为气态而去除的方法。

（1）中和法

中和法是利用化学方法使酸性废水或碱性废水中和达到中性的方法。在中和处理中首先遵循“以废治废”的原则，利用酸性废水和碱性废水互相中和，或利用酸（碱）性物质中和碱（酸）性废水，如用烟道气在喷淋塔中中和碱性废水；然后考虑投药中和，向酸性废水投加石灰、电石渣、石灰石、苛性钠和碳酸钠，向碱性废水中投加工业用酸（如硫酸和盐酸）。

（2）混凝法

混凝法是通过向废水中投入一定量的混凝剂，使废水中难以自然沉淀的胶体状污染物和一部分细小悬浮物经脱稳、凝聚、架桥等反应过程，形成具有一定大小的絮凝体，在后续沉淀池中沉淀分离，从而使胶体状污染物得以与废水分离的方法。

（3）化学沉淀法

化学沉淀法是向水中投加某些化学药剂，使之与水中溶解性物质发生化学反应，生成难溶化合物，然后通过沉淀或气浮加以分离的方法。这种方法可在给水处理中去除钙、镁硬度，在废水处理中去除重金属（如 Hg，Zn，Cd，Cr，Pb，Cu 等）和某些非金属（如 As，F 等）离子态污染物。

（4）氧化还原处理法

化学氧化还原是转化废水中污染物的有效方法。废水中呈溶解状态的无机物和有机物通过化学反应被氧化或还原为微毒、无毒的物质，或者转化成容易与水分离的形态，从而达到处理的目的。按照污染物的净化原理，氧化还原处理法包括药剂法、电化学法（电解）和光化学法三大类。

（5）吸附法

吸附法是采用多孔性的固体吸附剂，利用固-液相界面上的物质传递，使废水中的污染物转移到固体吸附剂上，从而使之从废水中分离去除的方法。固体表面的分子或原子因受力不均衡而具有剩余的表面能，当某些物质碰撞固体表面时，受到这些不平衡力的吸引而停留在固体表面上，这就是吸附。这里的固体称为吸附剂，被吸附的物质称为吸附质。吸附的结果是吸附质在吸附剂上浓集，吸附剂的表面能降低。

（6）离子交换法

离子交换法是一种借助于离子交换剂上的离子和水中的离子进行交换反应而去除水中有害离子的方法。在工业用水处理中占有极其重要的位置，主要用以制取软水或纯水；在工业废水处理中，主要用以回收贵重金属离子，也用于放射性废水和有机废水的处理。

（7）膜分离法

膜分离法是利用特殊的薄膜对液体中的某些成分进行选择性透过的方法的统称。可使溶液中一种或几种成分不能透过，而其他成分能透过的膜，称为半透膜。溶液透过膜的过程称为渗析。常用的膜分离方法有电渗析、反渗透和超滤等。

3. 废水的生物处理法

在自然界中，栖息着巨量的微生物，这些微生物具有氧化分解有机物并将其转化成稳定无机物的能力。废水的生物处理法就是利用微生物的这一功能，并采用一定的人工措施，营造有利于微生物生长、繁殖的环境，使微生物大量繁殖，以提高微生物氧化、分解有机物的能力，从而使废水中的有机污染物得以净化的方法。

根据采用的微生物的呼吸特性，生物处理可分为好氧生物处理和厌氧生物处理两大类。根据微生物的生长状态，废水生物处理法又可分为悬浮生长型（如活性污泥法）和附着生长型（生物膜法）。

好氧生物处理是利用好氧微生物在有氧环境下，将废水中的有机物分解成二氧化碳和水。好氧生物处理处理效率高，使用广泛，是废水生物处理中的主要方法。好氧生物处理的工艺很多，包括活性污泥法、生物滤池、生物转盘、生物接触氧化等工艺。

厌氧生物处理是利用兼性厌氧菌和专性厌氧菌在无氧条件下降解有机污染物的处理技术，最终产物为甲烷和二氧化碳等。该法多用于有机污泥和高浓度有机工业废水，例如啤酒废水和屠宰场废水的处理，也可用于低浓度城市污水的处理。污泥厌氧处理构筑物多采用消化池。最近 20 多年来，开发出了一系列新型高效的厌氧处理构筑物，如升流式厌氧污泥床、厌氧流化床、厌氧滤池等。

自然生物处理法即利用在自然条件下生长、繁殖的微生物处理废水的技术。其主要特征是工艺简单，建设与运行费用都较低，但净化功能易受到自然条件的制约。主要的处理技术有稳定塘和土地处理法。

（二）废水处理工艺流程

现代废水处理技术按处理程度划分，可分为一级处理、二级处理和三级处理。

（1）一级处理主要去除废水中悬浮固体和漂浮物质，以便排入受纳水体或进入二级处理装置。主要包括筛滤、沉淀等物理处理方法。格栅和沉砂池有时也可被划分到预处理中。经过一级处理后，废水的 BOD 一般只去除了 30%左右，还是达不到排放标准，仍需进行二级处理。

（2）二级处理主要去除废水中呈胶体和溶解状态的有机污染物。主要采用各种生物处理方法，BOD 去除率可达 90%以上，处理水可以达标排放。

（3）三级处理是在一级、二级处理的基础上，对难降解的有机物、磷、氮等营养物质进行进一步处理。采用的方法可能有混凝、过滤、离子交换、反渗透、超滤、消毒等。

由于工业废水水质成分复杂，且随行业、生产工艺流程、原料的变化而变化，因此要根据所要处理的工业废水的水量和水质、处理程度要求，选取适宜的单元技术和工艺流程。

第八章　固体废物的监测与防治

第一节　固体废物的概念

在人类创造并享受现代物质文明的同时，大量的各种废物被抛向环境。人类在生产生活过程中，每年要向生存的空间排入数百亿吨的固体、液体和气体废物。这些废物不仅占用了大量土地，而且严重地污染了环境，破坏了生态平衡。

20 世纪下半叶，迫于资源危机和环境恶化的巨大压力，各工业发达国家开始了固体废物开发与利用事业的研究。固体废物被视为“第二矿业”，相关研究推动了固体废物应用工业体系的发展。固体废物处理工程也正是在这种开发回收、利用废旧物资的基础上建立和发展起来的，成为一门新兴的应用技术型学科——再生资源工程。

一、固体废物

城市垃圾、废纸、废塑料、废玻璃等是人们所共知的固体废物。人畜粪便、污泥等半固体物质，以及废酸、废碱、废油、废有机溶剂等液态物质，也被很多国家列入固体废物之列。固体废物是指在生产建设、日常生活和其他活动中产生的污染环境的固态、半固态废弃物质。这些废物包括生活垃圾、炉渣、废制品、破损器皿、残次品、动物尸体、变质食物、污泥、人畜粪便等，还包括从废气中分离出来的固体颗粒。

二、固体废物处理

固体废物处理是通过物理、化学、生物等不同方法，使固体废物转化为适于运输、贮存、资源化利用以及最终处置的一种过程。随着城市化进程的加快和工业发展水平的提高，固体废物的产生量持续增加，如何有效处理这些废物已成为一个亟待解决的重要课题。

固体废物的处理方法多种多样，可以根据处理技术的特征进行分类。其中，物理处理是最为基础且常用的处理技术之一。物理处理方法主要包括破碎、分选、沉淀、过滤和离心等。这些方法通过物理手段对废物进行物理形态的改变，例如，破碎可以将大型固体废物减小至更加适合后续处理的尺寸，而分选则可以筛出可回收的物质，如金属、玻璃及塑料等，以实现资源的有效回收利用。

化学处理是一种利用化学反应来改变废物成分和性质的方法，主要包括焚烧、焙烧和浸出等处理方法。焚烧是将固体废物在高温条件下燃烧，能够有效减少废物体积，通常也能产生热能供发电或供热使用。此外，焚烧过程中产生的烟气需要经过净化，以防止有害气体排放到空气中。焙烧是一种加热处理方法，主要用于分解某些有机物和去除重金属等污染物。浸出是通过溶剂的作用，将固体废物中的有价值成分或有害成分溶解出来，以实现资源的回收或去除污染物。

生物处理则是利用微生物的代谢作用来处理固体废物的一种方法，常见的方式有好氧分解和厌氧分解。好氧分解是在有氧条件下，微生物通过吸收氧气来分解有机物，实现生态净化的目的。这种方法适合处理餐厨垃圾、园林废料等有机物含量较高的废物。厌氧分解则是在无氧条件下，微生物分解有机物，转化为甲烷、二氧化碳等产物，这种方法不仅能够有效减少废物体积，还能产生可利用的生物气体，具有良好的资源利用前景。

三、固体废物处置

固体废物处置是指对固体废物进行的最终处置或安全处置，是解决固体废物归宿问题的重要环节。随着固体废物产生量的增加，寻找安全、有效的处置方案显得尤为关键。适当的处置不仅有助于保护环境，还能减少对人类健康的潜在威胁。

1. 堆置处置

堆置处置是一种较为传统的固体废物处置方法，通常将在特定场所对废物进行集中堆放。这一方法的实施需要选择合适的场地，以避免对周围环境造成二次污染。在堆置过程中，必须遵守相关法律法规，防止渗滤液产生，对土壤和地下水造成污染。堆置处置尽管管理相对简单，但需定期监测，确保堆放的废物不会对生态环境造成影响。

2. 填埋处置

填埋是当前最常用的固体废物处置方式之一，将固体废物埋入地下专门设计的垃圾填埋场中。填埋过程通常分为几个步骤，包括废物的预处理、填埋场的建设和废物的填埋。为了防止环境污染，现代填埋场配备了完善的渗滤液和气体收集系统，能够有效控制有害物质在填埋过程中释放。经过合理设计和管理，填埋场能够安全地存储废物，通常可持续使用数十年。

3. 海洋投弃

海洋投弃是指将部分固体废物直接投放到海洋中处理的方法。这种方法虽然在某些情况下可以快速处理废物，但因其对海洋生态环境的潜在危害，许多国家已限制或禁止使用该方法。若继续采用海洋投弃，必须确保废物不会对海洋生物及其栖息环境造成严重影响。国际社会对海洋投弃的管理也日益严格，遵循《海洋法公约》等国际条约的相关规定，保障海洋生态安全。

4. 其他处置方法

除上述方法外，固体废物的处置还包括高温焚烧、热解、资源回收和能量回收等新兴技术。高温焚烧能够有效减少废物体积，同时通过热能转换产生电力等形式的可再生能源。热解则通过热化学反应将固体废物分解为可利用的油气和炭黑，具有较高的资源回收价值。

四、减量化

对固体废物实行减量化技术处理，指的是通过适宜的手段减少固体废物的数量和减小其容积。这一任务通常需要通过两条途径来实现：一是通过改革工艺、产品设计或改变社会消耗结构和废物产生机制来减少固体废物的产生量；二是通过压缩、打包、焚烧和处理利用来减容。

五、无害化

固体废物的无害化处理是指利用工程技术手段处理固体废物，以达到不损害人体健康、不污染周围自然环境的目的。

六、资源化

固体废物的资源化处理是指通过各种方法从固体废物中回收有用的组分和能源，旨在减少资源消耗，加速资源循环，保护环境。广义的资源化包括物质回收、物质转换和能量转换三个部分。

固体废物的减量化、无害化和资源化是我国在 20 世纪 80 年代中期提出的控制固体废物污染的三大技术政策。这三者之间存在着一定的辩证关系：固体废物的资源化以无害化为前提，而固体废物的无害化和减量化则以资源化为条件。从固体废物处理的发展趋势来看，我们应该从固体废物的无害化逐步走向资源化。

第二节　固体废物的来源和分类

一、来源

环境科学所关注和研究的固体废物，主要来源于人类的生产和消费活动。这些固体废物大体上可分为两类：一类是生产过程中产生的废物，我们称之为生产废物；另一类则是在产品进入市场后，在流通过程中或在使用消费后产生的固体废物，这类被称为生活废物。

二、分类

固体废物的分类方法多种多样。不同国家对固体废物的分类也各有差异。例如，日本通常将固体废物分为产业废物和一般废物两大类，而美国对固体废物的分类方法与我国的大致相同。

在我国，根据固体废物的化学性质，我们将其分为有机废物和无机废物；按其状态，可分为固体状废物（如粉状、粒状、块状）和泥状（即污泥）废物；按危害状况，固体废物被划分为有害废物（指具有腐败、腐蚀、剧毒、传染、自燃、爆炸、放射性等特性的废物）和一般废物；若按来源分类，则可将固体废物分为矿业固体废物、工业固体废物、城市垃圾（包含下水道污泥）、农业废物以及放射性固体废物等。在环境保护工作中，对环境影响最为显著的固体废物主要是工业有害固体废物和城市垃圾。

具体来说，矿山固体废物主要来自矿业开采和矿石洗选过程，主要包括废石和尾砂。工业固体废物则来源于各个工业生产部门在生产和加工过程及流通中产生的废渣、粉尘、碎屑、污泥等，主要产生废物的部门包括冶金、化工、煤炭、电力、交通、轻工、石油等。农林业固体废物则是指农林生产和禽畜饲养过程中产生的废物。而有害固体废物特指来自核工业、放射性医疗科学研究单位等具有放射性危害的废物，以及国际上通称为危险固体废物的所有具有毒性、易燃性、易爆性、腐蚀性、反应性、传染性，因此可能对人类生活环境构成危害的废物。至于城市垃圾，则是指居民在消费、商业活动、市政建设和市政维护过程中产生的废物。

第三节　固体废物的污染

一、我国固体废物现状

（一）工业固体废物的基本状况

2005 年，全国工业固体废物产生量达到 13.4 亿 t，相比 2004 年增长了 12.0%；而工业固体废物排放量为 1 654.7 万 t，比 2004 年减少了 6.1%。同时，工业固体废物的综合利用量达到 7.7 亿 t，综合利用率为 56.1%，这一数据与 2004 年大致相当。

（二）我国城市垃圾现状

我国每年产生的城市垃圾总量约占全球总产生量的四分之一。在 2005 年，城市道路清扫保洁的总面积达到 31.1 亿 m^2，其中机械清扫面积占 6.6 亿 m^2，机械清扫率为 21.11%，相较于 2004 年提升了 3.1%。全年共清运生活垃圾和粪便 1.95 亿 t，大中城市的垃圾和粪便基本实现了日产日清。

目前，在我国较为普遍采用的垃圾处理方法是填埋法，尽管其操作简单，但处理效果并不理想，不仅占用了大量土地，还可能引发二次污染。若处理不当，可燃气体甚至可能引发爆炸。垃圾处理及其综合利用的主要难题在于垃圾分类。尽管我国某些城市已尝试采用不同颜色的垃圾桶进行分类投放，但全面推广仍需时日。在固体废物的回收利用过程中，有害垃圾的分拣工作难以得到有效实施。

二、固体废物的特点及其污染途径

（一）固体废物的特点

相较于废水、废气等其他形态的污染物，固体废物具有以下两个显著特点：

1. 固体废物是各种污染物的最终形态，特别是从污染控制设施中排出的固体废物，其中富集了多种污染物成分。然而，人们往往对这类污染物产生一种稳定、污染速度慢的错觉。

2. 在自然条件的影响下，固体废物中的有害成分可能进入大气、水体和土壤，参与生态系统的物质循环，从而具有潜在、长期的危害性。因此，当固体废物（特别是有害固体废物）处理或处置不当时，可能通过多种途径对人体健康构成威胁。例如，工矿业废物中的化学成分可能引发化学物质型污染，而生活垃圾则可能成为多种病原微生物的滋生地，导致病原体型污染。

（二）固体废物的污染途径

尽管固体废物并非环境介质，但它们往往以富含多种污染成分的最终形态长期存在于环境中。在一定条件下，固体废物可能发生化学、物理或生物转化，从而对周围环境造成不良影响。

三、固体废物污染危害

固体废物对人类环境的危害主要体现在以下五个方面：

（一）侵占土地

近年来，我国工业固体废物的综合利用得到了加强。2005 年，全国工业固体废物综合利用量达到 7.7 亿 t，比 2000 年增加了 105%；处置量达到 3.1 亿 t，比 2000 年增加了 242%；排放量则减少至 1 654 万 t，比 2000 年减少了 48%。然而，工业固体废物的减量化工作进展仍然迟缓，其产生量呈逐年上升趋势，导致堆存量日益增多。2005 年的产生量高达 13.4 亿 t，比 2000 年增加了 64%。据统计，每堆积 1 万 t 固体废物大约需要占用 666 m^2 的土地。相关数据显示，截至 2006 年，我国固体废物堆存量已累积达到 80 亿 t，占用和损毁土地超过 13.3 亿 m^2，对土壤和水体造成了严重的污染。

（二）污染土壤

在固体废物的堆置过程中，其中的有害成分会渗入土壤，造成土壤污染。有些地区直接将固体废物用于农业生产，如医院、肉联厂、生物制品厂的废渣，这些废渣中的病菌和寄生虫会污染土壤。人们若与受污染的土壤直接接触，或食用在此类土壤上种植的蔬菜、瓜果，可能会导致疾病。此外，固体废物的堆积还会破坏周边土壤的生态平衡。有害的固体废物经过风化、雨雪淋溶、地表径流的侵蚀后，可能产生高温或有毒废水，进而杀灭土壤中的微生物，使土壤丧失腐解能力，导致草木无法生长。

（三）污染水体

固体废物可能随天然降水或地表径流进入河流、湖泊，也可能随风飘落至这些水体中，从而污染地面水。同时，固体废物中的有害物质还可能随水渗入地下，污染地下水。例如，美国的 Love Canal 事件就是一起典型的固体废物污染地下水事件。此外，如果沿海地区堆积或向海洋倾倒固体废物，还会造成海洋污染。即使是无害的固体废物排入河流、湖泊，也可能导致河床淤塞、水面减小，甚至影响水利工程设施的正常运行。

（四）污染大气

某些有机固体废物在适宜的温度和湿度条件下会被微生物分解，释放出有害气体。细粒状的废渣和垃圾在大风吹动下可能随风飘散，形成粉尘污染。此外，固体废物在运输和处理过程中也可能产生有害气体和粉尘。例如，煤矸石自燃会释放出大量的二氧化硫气体。采用焚烧法处理固体废物时，如果未配备空气净化装置，还可能产生二次污染。

（五）影响环境卫生

目前，我国工业固体废物的综合利用率仍然较低。城市垃圾和粪便的清运能力有待提高。大量的工业废渣和垃圾被堆放在城市的角落，严重影响了城市的容貌和环境卫生，并对人们的健康构成了潜在威胁。

第四节　固体废物污染控制

固体废物对环境的污染主要通过水、气和土壤进行。废水和废气既是水体、大气和土壤环境的污染源，又是接纳其所含污染物的环境。与它们不同，固体废物往往是许多污染成分的最终状态。例如：（1）一些有害气体或飘尘通过治理最终富集成为废渣；（2）一些水中的有害物质和悬浮物通过处理最终被分离出来成为污泥或残渣；（3）一些含重金属的可燃固体废物在焚烧过程中，有害金属会浓集于灰烬中。这些固体物质中的有害成分，在长期的自然因素作用下，又会转入大气、水体和土壤，从而成为大气、水体和土壤环境的污染源头。

固体废物污染控制需从两方面着手：一是防治固体废物污染，二是综合利用废物资源。主要控制措施包括以下两种：

一、改革生产工艺

（1）采用清洁生产。生产工艺的落后是产生固体废物的主要原因，因此，首先应从工艺入手进行技术改造，采用无废或少废的清洁生产技术，从源头上消除或减少污染物的产生。例如，传统的苯胺生产工艺采用铁粉还原法，该法在生产过程中会产生大量含硝基苯、苯胺的铁泥和废水，造成严重的环境污染和巨大的资源浪费。

（2）采用精料。原料的品位低和质量差是造成固体废物大量产生的一个重要原因。例如，在一些选矿技术落后、缺乏烧结能力的中小型炼铁厂中，渣铁比相当高。如果在选矿过程中能提高矿石品位，就可以大大降低炉渣的产生量。一些工业先进国家通过采用精料炼铁，使得高炉渣的产生量减少了一半以上。

（3）提高产品质量和使用寿命，以防止其过快地变成废物。

二、提高物质循环利用工艺，实现综合利用

通过发展物质循环利用工艺，我们可以使第一种产品产生的废物成为第二种产品的原料，进而使第二种产品的废物又成为第三种产品的原料，如此循环往复。最终，只有少量废物会被排入环境，从而实现经济、环境和社会的综合利益最大化。例如，硫铁矿烧渣、废胶片、废催化剂等含有 Au、Ag、Pt 等贵金属的废物，只要采用适当的物理和化学熔炼方法，就能将其中的有价值物质回收利用。垃圾也是一种资源，以生活垃圾为例，如果将每年产生的 1.4 亿 t 垃圾用于堆肥，并加入粪便、秸秆和菌种，每年便可生产出 1.5 亿 t 有机肥。

三、进行无害化处理与处置

对于有害固体废物，我们可以通过焚烧、热解等方式改变其中有害物质的性质，使其转化为无害物质，或使有害物质含量降低到国家规定的排放标准以下。许多国家都采用焚烧法来处理垃圾，如日本采用焚烧处理的垃圾量就占总垃圾量的 74%，同时产生的热量还用于发电。采用焚烧法处理垃圾时，需满足以下条件：首先，垃圾中可燃物质应占适当比例，否则因喷油而提高处理费用将不划算；其次，这些垃圾应是在技术上无法回用或在经济上无利用价值的；最后，焚烧垃圾的设备购置与运行费用不应过高。

参考文献

［1］李向东. 环境监测与生态环境保护［M］. 北京：北京工业大学出版社，2022.

［2］崔淑静，王江梅，徐靖岚. 环境监测与生态保护研究［M］. 长春：吉林科学技术出版社，2022.

［3］蒋利，李玉梅. 环境监测与生态环境保护研究［M］. 长春：吉林科学技术出版社，2024.

［4］李伟东，谢静，吴双利. 环境监测与生态环境保护［M］. 长春：吉林科学技术出版社，2023.

［5］牛卫萍，马卫. 生态环境保护与大气监测［M］. 北京：北京工业大学出版社，2022.

［6］王开德，李耀国，王溪. 环境保护与生态建设［M］. 长春：吉林人民出版社，2022.

［7］唐坚. 基层生态环境保护与发展制度［M］. 北京：经济日报出版社，2019.

［8］李亮，董怡华，李茹. 环境分析与监测［M］. 北京：化学工业出版社，2024.

［9］王琳. 生态环境遥感技术及应用［M］. 北京：化学工业出版社，2024.

［10］卢建斌，展小燕，王智强. 水环境监测与修复［M］. 延吉：延边大学出版社，2024.

［11］葛红林，屈森虎，张喜艳. 环境监测与治理探索［M］. 湘潭：湘潭大

学出版社，2024.
［12］王绍强，张雷明，肖治术．陆地生态系统质量综合监测技术［M］．北京：科学出版社，2024.
［13］刘璐．环境污染治理及典型案例分析［M］．北京：化学工业出版社，2024.
［14］赵瑜，刘露，张洁．区域大气污染源排放清单的优化校验和应用［M］．北京：科学出版社，2024.
［15］汤涛，庞玉建．现代环境监测与环境管理研究［M］．北京：北京工业大学出版社，2023.
［16］刘雪婷．现代生态环境保护与环境法研究［M］．北京：北京工业大学出版社，2023.
［17］李家科，李伟光．城市水生态环境保护社会实践［M］．北京：中国建筑工业出版社，2023.
［18］张桂娟，解晓敏，钟艳霞．环境保护与生态化工程建设［M］．长春：吉林科学技术出版社，2023.
［19］陆海，刘明海，李楠．环境规划与生态化建设［M］．汕头：汕头大学出版社，2023.
［20］周凤霞．环境生态学［M］．北京：化学工业出版社，2023.
［21］金民，倪洁，徐葳．环境监测与环境影响评价技术［M］．长春：吉林科学技术出版社，2022.
［22］林华影，许媛，马万征．检验检测技术与生态保护［M］．长春：吉林科学技术出版社，2022.
［23］魏振枢，王双成．环境保护［M］．北京：化学工业出版社，2022.
［24］傅长锋，陈平．流域水资源生态保护理论与实践［M］．天津：天津科学技术出版社，2020.
［25］黄月群，李晓娟，刘姜艳．水环境工程与生态保护［M］．哈尔滨：哈尔滨地图出版社，2020.

［26］刘国正，孙京楠. 固体废物信息化管理技术与实践［M］. 北京：中国环境出版社，2024.

［27］李秀金. 固体废物处理与资源化［M］. 北京：化学工业出版社，2024.

［28］李元，黄志红. 环境污染生态修复的技术创新与应用实践［M］. 北京：科学出版社，2024.

［29］付旭东，杜亚鲁. 环境监测与环境污染防治［M］. 哈尔滨：东北林业大学出版社，2023.

［30］张增凯. 大气污染协同控制及空气质量补偿［M］. 北京：科学出版社，2023.